本专著为海南省自然科学基金资助项目"自贸港背景下商务英语专业管理优化研究"（项目号721RC550）、海南省教育厅项目"海南自贸港背景下商务英语人才培养改革研究"（项目号Hnjg 2021-50）的相关成果

购物平台消费者信任的影响因素及信任转移研究

游艳 著

GOUWU PINGTAI XIAOFEIZHE
XINREN DE YINGXIANG YINSU JI
XINREN ZHUANYI YANJIU

中山大学出版社

·广州·

图书在版编目（CIP）数据

购物平台消费者信任的影响因素及信任转移研究/游艳著 . —广州：中山大学出版社，2023.10

天涯论丛/陈义华主编

ISBN 978 - 7 - 306 - 07903 - 9

Ⅰ.①购…　Ⅱ.①游…　Ⅲ.①网上购物—消费者行为—研究

Ⅳ.①F 713.365.2

中国国家版本馆 CIP 数据核字（2023）第 169767 号

出　版　人：**王天琪**

策划编辑：嵇春霞　李海东

责任编辑：李海东

封面设计：曾　斌

责任校对：周明恩

责任技编：靳晓虹

出版发行：中山大学出版社

电　　话：编辑部 020 - 84113349，84111997，84110779，84110776

　　　　　发行部 020 - 84111998，84111981，84111160

地　　址：广州市新港西路 135 号

邮　　编：510275　传　　真：020 - 84036565

网　　址：http：//www.zsup.com.cn　E-mail：zdcbs@ mail.sysu.edu.cn

印　刷　者：广州市友盛彩印有限公司

规　　格：787mm×1092mm　1/16　10.75 印张　220 千字

版次印次：2023 年 10 月第 1 版　2023 年 10 月第 1 次印刷

定　　价：42.00 元

前　　言

　　随着我国手机网民的规模持续扩大，在线交易数量快速增长，购物平台产业规模快速扩张，消费者从依赖实体店购物逐步向在线购物平台转移。研究如何使消费者建立信任并将信任转移到购物平台，具有一定的理论和实际意义。建立购物平台在线信任是一个不断演化的动态过程，各个主体之间的相互作用是什么？消费者在建立初始信任、形成购买决策的过程中，除了受信任倾向、第三方评论等影响，还受哪些因素影响和制约？消费者将信任从实体店转移到购物平台的影响因素有哪些？目前，购物平台相关信任问题研究成果相对较少，未能解决建立在线信任的根本问题。

　　本书以购物平台为研究对象，首先构建动态演化博弈模型，研究在线消费者、购物平台和供应商三方的相互作用，进行演化稳定性分析，分别对三方的复制动态方程求偏导数。通过模型仿真与分析，发现三方对建立购物平台在线信任均具有显著影响，提升消费者信任的关键在于提升供应商的诚信度，并提高平台的保障性。

　　其次，研究影响在线信任建立的因素。基于 McKnight 信任理论，构建在线信任模型并提出假设，以购物平台淘宝网为研究载体，采用 Amos 结构方程进行实证，研究在线消费者、购物平台、供应商相关因素。研究发现，第三方评估比共同价值观对在线信任的正向影响更为显著，其中专家评论的影响作用大于第三方认证、担保机制、买家在线评论；供应商因素正向影响在线信任，价格的影响大于产地的影响；同时，供应商因素正向影响结构保障，结构保障正向影响在线信任，在线信任对行为意向具有显著的正向影响。

　　再次，探索信任转移的影响因素及消费者自身因素的影响。基于 Mayer 信任模型和 Zucker 制度信任理论，主要研究购物平台的相关因素，建立消费者信任转移模型并提出假设，以京东到家永辉超市为调研主体，进行多分类 Logistic 回归分析。研究发现实体店信任、购物平台信任前因（能力、完整、善意）、制度信任（结构保障、情景正常）、购买意愿、流程集成度均与信任转移正相关，影响最为显著的因素是购物平台的能力，其次是结构保障。进一步探索消费者自身因素的影响，发现性别差异和收入水平对信任转移不存在显著的正向影响，购物年限和频率显著影响信任转移。

最后，研究购物平台的信任机制问题。了解型信任分析基于购物平台界面和内容的信任机制，通过在线信任、信任趋势、一致性水平这3个维度，运用最小二乘线性回归方法，建立了信任向量，同时研究了基于虚拟社区的信任。技术型信任机制重点研究第三方支付，进行动态博弈分析，验证了第三方支付是目前最优的信任机制；同时研究了基于保险的信任机制。威慑型信任机制的建立依托于法律的约束，对不诚信交易起到威慑作用；结合苏宁易购案例，分析了信任机制的建立措施。

本书将承诺信任理论引入在线消费者研究，这一尝试为探索信任问题提供了不同的研究视角，拓展承诺信任理论的适用范围，并进行了实证；在动态博弈演化的研究中有所突破，提出对购物平台上的三方，即在线消费者、购物平台、平台上的供应商建立模型并检验假设；对消费者自身因素的研究，为国外相关研究分歧提供了实证。

目 录

第 1 章

绪 论

随着互联网和智能设备的推广，在线消费已经成为商品交易的重要模式，带动了在线消费者规模的迅速增长。根据中国互联网络信息中心（CNNIC）第52次调查显示，截至2023年6月，我国网民规模达10.79亿人，较2022年12月增长1109万人，互联网普及率达76.4%（图1.1）。不同地区、不同年龄的网民构成了广大的用户基础，流量型、资金型等不同形式的数字消费活力持续释放。其中，网民使用手机上网占比为99.8%。由此可见，我国网民和手机网民的规模持续扩大，互联网普及率持续攀升。在线消费从很大程度上改变了消费者传统的实体店购买模式，在线消费从初期的网页端交易，逐步发展为手机移动端购物；同时，利用电子商务扩大市场也成为企业运营必需的发展战略。

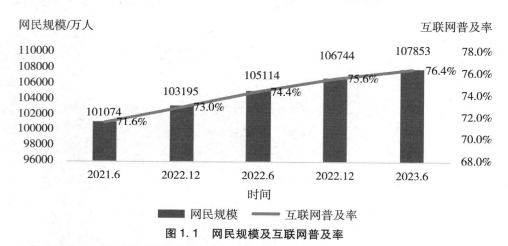

图1.1 网民规模及互联网普及率

资料来源：CNNIC：《中国互联网络发展状况统计调查》（历年）。

网络经济快速发展带动作用明显。2022年，中国电子商务市场规模再创新高，全国电子商务平台交易额达43.8万亿元，按可比口径计算，比上年增长3.5%；全国网上零售额达13.8万亿元，按可比口径计算，比上年增长4.0%，其中，实物商品网上零售额增长6.2%，占社会消费品零售总额的比重为27.2%，比上年提高2.7个百分点；全国网购替代率（线上消费对线下消费的替代比例）为80.7%。

面对经济发展压力，2022年，中央多次提出要引导大型平台企业降低收费，促进平台经济健康发展。这对提振电子商务市场信心、电子商务服务企业纾困和健康发展起到促进作用。2022年，我国电子商务服务业营业收入达6.79万亿元，同比增长6.1%（图1.2）。其中，电子商务交易平台服务营业收入为1.54万亿元，增速为10.7%；支撑服务领域中的电子支付、电子商务物流、信息技术服务等业务营业收入为 2.50 万亿元，增速为 3.7%；衍生服务领域业务营业收入持续增长，为 2.75 万亿元，增速为 5.8%。

图 1.2　2021—2022 年中国电子商务服务行业营业收入

资料来源：商务部：《中国电子商务报告（2022 年）》。

2022 年，电子商务行业发展特点为：落实减费降费，平台社会责任进一步提升；交易服务模式更加灵活，贴近终端客户；新品类层出不穷，交易内容进一步扩大；引流渠道多样化，互动体验感增强。

在高速发展的同时，电子商务面临诸多挑战，如：服务质量有待进一步提升；融资愈发困难，企业发展模式受限；物流配送韧性弱，供应链应急能力有限；网络安全问题层出不穷，包括个人信息泄漏、银行信息泄漏、交易信息泄露等。另外，还存在供应商和商品信息不完整、交易不守信、购物平台流程不顺畅等诸多问题，影响了消费者的在线信任和购买决策。

因为在线消费的匿名性、虚拟性、开放性，存在高风险和低转换成本，建立初始信任或转移信任比较困难，加上买卖双方物理和空间上分离，意外事件很难被估算，所以人们选择在线消费时，初始信任显得十分重要。在经济交换的过程中，信任是不可或缺的重要组成部分，经济双方缺少良好的相互信任，就会引发经济过程中的不顺畅。Gefen（2003）提出，在线消费者信任对网络购物时形成购买决策起着重要的促进作用，而在线消费的特性更增加了风险感受，因此，对于购物平台而言，建立在线信任非常必要。近年来，许多学者和电子商务企业都在不断探索建立在线消费者信任的影响因素、影响程度和转移问题。但比较遗憾的是：在理论研究成果不断拓展的同时，日常交易中信任的缺失较为普遍，交易成本逐年上升，信任问题已经成为影响电子商务发展的主要掣肘。

首先，建立购物平台在线信任是一个动态的、不断演化的过程，消费者在建立信任、形成购买决策的过程中，不仅受自身因素，如年龄、教育背景、收入、性别等的影响，也受信任倾向、第三方因素的影响，这些影响对在线交易的信息系统和交易环境是敏感的。购物平台和购物平台上的供应商提供了产品信息和交易环境，二者之间的信任和遵守信任行为会互相影响，二者与消费者之间的信任和遵守信任行为也会互相影响；信任倾向，即三方的行为结果均会对其他方的行为产生影响。如何建模以解决网络动态博弈问题有待进一步研究。

其次，购物平台环境下在线信任问题研究成果相对较少，部分研究集中在网络技术和商业环境，且未能解决影响在线信任建立的根源问题。在第三方评估的影响变量中，国外学者对第三方认证的作用是否显著存在分歧。同时，对于供应商地理位置或商品产地的影响程度，国内外研究存在争议。希望解决的问题包括：购物平台环境下影响购买行为意向的因素有哪些？共同价值观、第三方评估是否与在线信任正相关，哪个因素的影响更为显著？在第三方评估中，第三方认证的影响是否最为显著？供应商因素中，产地的影响是否显著？等等。

最后，大多数学者单独研究信任转移或线上线下渠道转移，针对从实体店至购物平台的信任转移研究相对较少。虽然有研究初步探讨了信任转移对消费行为从线下到线上的影响，但是对消费者信任从实体店转移到购物平台的影响机制及路径有待深入研究；也有学者单一研究了实体店信任对建立在线信任的影响，但是相对于其他影响因素，实体店信任的影响程度如何却不得而知；国外学者研究建立的制度信任理论是否适用于中国国情及国人消费习惯有待研究证实。购物平台因为存在较大的不确定性和风险，信任难以形成，如何利用购物平台的碎片化和情景化优势，把传统线下渠道的消费者转移到移动商务环境，从而较快地构建值得信赖的购物平台，是学术界一直关注的问题。

消费者自身因素对购物平台上信任转移的影响有何差异，如何研究各变量对信任转移的影响？对消费者信任的动态变化中存在的性别差异影响，有学者进行了初步探索，但基于实体店到同一品牌购物平台，性别差异对信任转移的影响尚未有深入研究；同时，国外学者对性别差异是否影响消费者信任也存在着明显的分歧。关于购物经验对信任的影响研究相对较多，但具体到子变量对信任转移存在的影响仍有研究空间。关于收入水平对渠道间信任转移的影响国内外研究相对较少。

综合上述讨论的因素，基于不同的模型和研究方法，对购物平台在线信任进行分析之后，本书试图回答以下问题：

·如何建立购物平台上各方动态演化博弈模型？

·在购物平台环境下，不同因素对建立在线信任的影响程度？

·从实体店到购物平台，哪些因素将影响消费者的信任转移？

·消费者自身因素对信任转移的影响程度？

·如何建立购物平台的信任机制？

1.1 研究目标、内容和技术路线

1.1.1 研究目标

本书以购物平台上的信任为研究中心，在以前国内外学者的研究基础上，通过运用动态演化博弈、McKnight 信任理论、Mayer 信任模型和 Zucker 制度信任理论，建立在线信任的影响因素模型和信任转移模型，旨在解决在线消费者的信任问题，提高消费者信任程度和满意度，促进在线平台及商家改善服务质量，扩大销售收入，从而加快在线消费市场发展。具体而言，本研究的主要目标有以下几点：

（1）研究购物平台上相关三方的动态博弈演化。演化博弈用于研究某一群体变化的动态过程，适合用于解决网络动态博弈问题的建模方法。在购物平台交易的过程中，在线消费者、购物平台、购物平台上的供应商在演化博弈中策略的选择都可以看作服从某种规律的网络上的动力学行为，分析该动力学行为，研究该动力学行为的机制，是研究在线信任建立的重点。购物平台和购物平台上的供应商提供了产品信息和交易环境，二者之间的信任和遵守信任行为会互相影响，二者与消费者之间的信任和遵守信任行为也会互相影响；信任倾向即三方的行为结果均会对其他方的行为产生影响。因此，需要研究三方演化博弈如何达到均衡。

（2）探索消费者对购物平台产生信任的影响因素。对于消费者建立购物平台信任的影响因素，国内外学者观点主要集中于在线消费者、网站、安全、口碑，得出的结论也不尽相同。本书在以前研究成果的基础上，基于已有购物平台，通过面对面访谈、电话访谈和问卷调查相结合的方式进行调研，分析影响在线消费者信任的关键因素，为进一步构建在线信任影响因素模型提供理论和实证支撑。

（3）线下实体店和线上购物平台之间的信任转移研究。对于虚实结合的商家，消费者对于实体店的信任是否正向影响购物平台的初始信任？线下信任是否影响消费者对商家网上网下销售流程集成质量的预期？同时该预期是否正向影响购物平台初始信任的建立？验证情景是否正向影响消费者对购物平台的初始信任，而且平台的结构保障是否正向影响在线信任？是否存在线上消费者转移到实体店的情况，其影响因素有哪些？消费者在购物平台的购物意向是否受初始信任正向影响？

另外，将在线消费者自身因素作为变量，其性别、网龄、收入、受教育程度、专长、熟悉或精通领域、满意度、技术接受水平、信任倾向是否影响建立在线信任及影响程度？位于相同城市、具有同等收入水平和受教育程度等条件的在线消费者是否对不同购物平台和供应商的信任程度存在差异？位于不同城市、具有不同收入水平和受教育程度等条件的在线消费者是否对同一购物平台的信任程度存在差异？本书试图通过实证研究的方法解决上述问题。

（4）购物平台的信任机制研究。研究购物平台环境下的信任机制问题，分析了解型、技术型、威慑型信任机制，探索苏宁易购的信任机制，以及如何通过法律、第三方支付、虚拟社区、大数据等建立信任机制。

（5）承诺信任理论的运用范围研究。基于常见的理性行为理论、技术接受理论、消费者行为理论，本书试图运用承诺信任理论来研究在线信任因素。在线交易中一方认为与另一方持续的关系非常重要，因而选择尽最大努力来维系关系并做出承诺，进而获取信任。期望研究结果能为信任问题的研究提供一个崭新的视角，并拓展承诺信任理论的适用范围，表明其适用于更多的国家和研究目标。

1.1.2 研究内容

为实现上述研究目标，本书围绕建立在线信任和信任转移的影响因素展开研究，主要包括下面六个部分：

第一部分：绪论和研究综述。首先提出了本书的研究目标、内容和技术路线，研究方法与主要创新，对在线信任进行了研究综述，分析了实体店和购物平台的现状，重点论述了在线信任国内外相关研究。

第二部分：三方动态演化博弈。研究了动态演化博弈问题。博弈中的各方会通过对彼此的了解和研究来做出决策，当选择演化稳定策略的时候达到演化稳定状况，即演化均衡。购物平台上的消费者、平台自身和供应商是有限理性的，各自决策具有不确定性，三方之间的行为决策会互相影响和制约。因此，三方在每一阶段进行重复的博弈，每方的策略选择依赖于其他两方行为决策的收益，同时该方的收益又将对其他两方的决策造成影响，从而构成了演化博弈模型，并达到某种均衡的状态。

第三部分：构建购物平台在线信任的影响因素模型及验证假设。以购物平台为研究背景，基于 McKnight 客户关系信任理论，将共同价值观和第三方评估作为影响信任倾向的因素；研究了制度信任，即消费者相信电子商务中的制度结构可以提升交易成功的概率，主要涉及结构保障中的设计易用性、信息保密及制度保障；同时，提出了供应商干预因素，将知名度、信息完整度、价格优势、供应商地理位置作为变量，构建了第三方评估、共同价值观、结构保障、在线信任、网站供应商的在线消费者行为意向假设模型。并进一步提出了上述因素及涵盖变量与在线消费者信任的假设关系，研究各类因素与在线信任的相关性以及各变量对在线信任的影响程度。

采取大规模调查问卷的方式，在正式调研中利用互联网工具，以随机形式在全国范围发出调查问卷，最终收集有效问卷 551 份。采用结构方程模型，对调查问卷进行了信效度分析，对假设模型进行了验证性因子分析、标准化路径系数分析，得出了实证研究结论。着重研究第三方评估和共同价值观对建立在线消费者行为意向的影响程度和作用机制，并将承诺信任理论引入在线消费者研究，分析不同因素对信任建立的影响，研究结果将对信任问题的研究提供一个不同的视角，并拓展承诺信任理论的适用范围。

第四部分：构建购物平台信任转移的影响因素模型及验证假设。研究了 Zucker 提出的两种类型的制度信任因素，即情景正常和结构保障，其中情景正常是对于购物平台的可信度的感知，结构保障是对于法律环境、交易制度等保障措施的感知。而信任转移中，对于虚实结合的购物平台来讲，集成度可用于理解整合网上网下业务流程与赢取信任的关系。基于 Mayer 信任模型和 Zucker 制度信任理论，对影响信任从实体店向购物平台转移的因素进行了系统的理论分析，构建了涵盖实体店信任、购物平台的能力、完整、善意、结构保障、情景正常，以及购买意愿、流程集成度的信任转移假设模型，并提出相关的研究假设。

以京东到家永辉超市为调研主体，消费者为调查对象，调研对象为有永辉超市实体店和购物平台京东到家永辉超市网上购物经验的消费者。以调查问卷的方式收集数据，本次调查选取了 9 个维度进行分析，进行信度分析的影响指标总共有 33 个，采用 SPSS 统计和分类 Logistic 分析工具，实证研究了消费者将购买行为从永辉超市实体店转移到京东到家购物平台上的永辉超市（后文简称永辉超市购物平台）的影响因素，验证了购物平台能力和结构保障对信任转移的影响机制及路径。

进而研究了消费者自身因素对信任转移的影响，首次提出并拟实证：位于相同城市、具有同等收入水平和受教育程度等条件的在线消费者对不同商家和产品的信任程度差异；位于不同城市、具有不同收入水平和受教育程度等条件的在线消费者，对同一商家的信任程度差异。这也是国家自然科学基金项目"在线消费者心理距离及其对消费决策的影响研究"的组成部分。假设：具有较高收入和教育背景的大城市在线消费者对网络商家的信任程度更高，同一在线消费群体对知名度高、第三方评论高、具有相同价值观和机会行为的商家信任程度更高。

第五部分：研究购物平台的信任机制问题。结合苏宁易购的信任机制，研究了购物平台的信任机制问题，了解型信任机制分析基于购物平台界面和内容的信任机制，运用最小二乘线性回归方法，建立了信任向量；技术型信任机制重点研究第三方支付，进行动态博弈分析，验证了第三方支付是目前最优的信任机制；同时研究了基于保险的信任机制。威慑型信任机制的建立依托于法律的约束，对不诚信交易起到威慑作用。

第六部分：主要结论和政策建议。总结以上主要观点和结论，进一步阐述本研究的理论意义，在此基础上对购物平台和供应商提出明确的实践建议。同时，指出本书研究的不足之处和局限性，以及有待进一步研究的问题。

1.1.3 技术路线

本研究综合运用在线信任的相关理论和研究方法，设计了具体的技术路线（图1.3）。

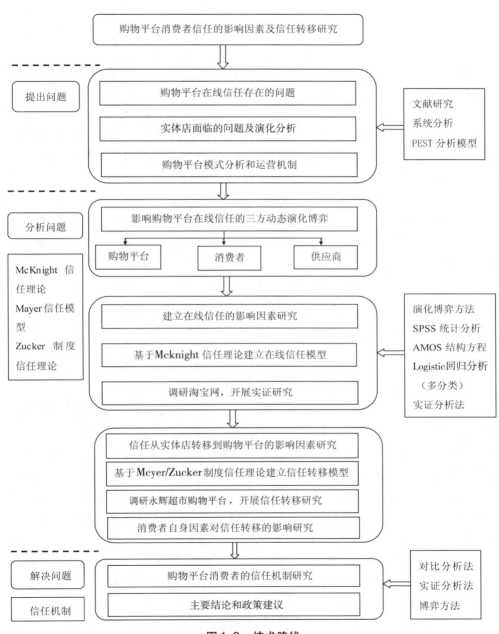

图 1.3　技术路线

1.2　研究方法

本书研究建立购物平台在线信任的影响因素及信任转移模型，将采取定性和定量相结合的研究方法，综合运用社会心理学、经济管理学等多个领域的理论和方法，进行理论的探索和实践的检验。定性研究包括文献综述和深度访谈，尽可能地充分检索国内外相关文献，借鉴其研究结论，随后进行在线消费者深度访谈，采用内容分析法进行整理归纳，对涉及的各个变量如何进行测度进行初步的讨论，并运用博弈论进行了理论上的探索。定量研究主要采用数理统计方法，通过对两家购物平台开展实证研究，对测量量表和研究假设进行检验。数据收集通过调查问卷法完成，之后将使用结构方程模型、Logistic 回归模型等方法对研究假设进行检验。其中，获取的调研数据是否能验证现有理论成果基础上提出的影响因素模型，并分析信任从线下转移到线上渠道购物平台的机理，成为本书能否顺利完成的关键。而如何确保模型构建的有效性和可行性，则是本书的最大难点所在。为此，本书在设计研究方法时主要采用了以下方法：

（1）文献研究法。根据本书研究内容对国内外中英文相关文献进行检索，分析整理与解释电子商务购物平台、在线消费者、承诺信任理论、信任的影响因素等相关文献，了解目前国内外在该领域的研究现状、存在的问题以及有效的研究理论、模型和方法，通过分析以往研究情况，确定本书的研究内容。

（2）动态演化博弈论。采用演化博弈论的方法，提出研究假设，分析博弈主体的八种策略，构建动态演化模型，进行演化稳定性分析，研究购物平台上在线信任演化的全过程，并利用 Python 软件对模型进行仿真和分析，旨在对在线消费者的信任建立形成一个整体抽象的认识。在购物平台交易的过程中，在线消费者、购物平台、购物平台上的供应商在演化博弈中策略的选择都可以看作服从某种规律的网络上的动力学行为，如何分析该行为和决策达到演化均衡的机制，是研究在线信任建立的重点。

（3）问卷调研与统计分析法。进行结构化的问卷调研有一个特点，它通常用于研究关键的变量及变量间的关系，本书主要用于论证购物平台在线信任建立的影响因素及相关影响。针对在线影响因素模型和信任转移模型，各自选择了一家购物平台作为调研对象。首先，对一定范围内小规模问卷数据进行探索性因子分析和信度分析，进行实验修正，删减问卷中不合理的题目，最终形成正式问卷。运用 Cronbach α 信度系数法来检验调查问卷的可靠性和稳定性，通常 α 系数大于 0.6 则可以扩大调查问卷的发放范围。下一步，对样本资料的信度和效度进行分析，采用 PASW Statistics 18.0 对数据进行因子分析，解决在线消费者信任影响因素的重要程度问题。然后，通过大规模发放调查问卷，获取真实的一手数据，接着对大量的调研数据进行统计分析。

在研究建立购物平台在线信任的影响因素现状时，首先进行理论分析，提取关键变量。在正式调研之前，对影响因素模型中的关键因素进行初步调研，请中国农业大学、吉林大学、华中师范大学、西南农业大学学生进行电子问卷填写，回收有效问卷 50 份，利用调研结果调整并确认研究模型，并在此基础上修改调查问卷。进而选择北京、上海、广州等典型城市进行实地和网络形式的调研，调研商品覆盖在线教育、服饰、化妆品、书籍以及通信数码产品等商品种类，网络商家选择销售量排名靠前的淘宝商城购物平台，调研对象为 18 ～ 70 周岁的并具有不同教育背景的在线消费者。第二轮调研中，发放调查问卷 2000 份，保证最终有效样本量超过 500 份。

而针对线下实体店向线上渠道的信任转移，选择京东到家永辉超市进行研究，调查将结合网络调查问卷和现场填写问卷的方式，对永辉超市线上客户和线下客户进行调研，发放调查问卷 1000 份，保证最终有效样本量超过 300 份。信任转移模型主要涉及 6 个潜在变量：实体店信任、购物平台初始信任、流程集成度、结构保障、情景正常、购买意愿。对于实体店信任和购物平台初始信任，大部分采用了 Grazioli 和 Jarvenpaa 在 2000 年提出的测量变量，并增加了 McKnight 等提出的变量；对于流程集成度，在杨庆 2005 年验证后变量的基础上，提出自己设计的新变量；结构保障采用 McKnight 等在 2002 年提出的测量模型；购买意愿采用 Dodds 等于 1991 年提出的测量模型。问卷同样采用李克特 7 级量表来进行测量。

（4）AMOS 结构方程。对于建立信任的影响因素研究，借鉴结构方程模型，利用因子分析等计量方法和 AMOS 软件，根据变量的协方差矩阵，并通过模型识别、估计、评价和修正，得到结构方程模型路径图，进一步分析各个变量之间的系数和关系。结构方程模型可以进行多元数据分析，研究因子结构与因子关系，可以减少误差，同时比较方差、回归系数等。进行因子分析的主要目的是浓缩数据，减少变量，并检验关系假设。在本书的具体运用中，将现提出的影响因素中的变量逐一进行因子分析。如果自变量之间高度相关，将出现多重共线性，说明它们的信息高度重合，可删除，因此可决定关键的核心因子。本书主要运用结构方程模型，结构方程模型非常适合对于在线信任影响因素的研究，在该研究领域也是被广泛使用和认可的研究方法。

（5）Logistic 回归模型。对于信任转移的研究，则采用 Logistic 回归模型，分析各类变量对消费者信任转移的影响，然后，进行系数显著性检验，分析各变量对于信任转移的不同影响。在分析方法上，多分类 Logistic 回归通常研究多值响应变量与影响因素之间的关系，是二分类 Logistic 回归技术的延展。

1.3　主要创新点

在总结和借鉴前人研究的基础上，本书分析影响购物平台在线信任的重要主客观因素，研究线下线上信任转移，探索三方动态博弈演化，可能的创新点主要体现在以下方面：

（1）将承诺信任理论的运用范围扩展到在线消费者研究。研究结果表明承诺信任理论可用于在线消费者信任研究，分析不同因素对信任建立的影响。无论是在管理学领域，还是营销学、心理学、社会学领域，这都是创新的尝试，研究结果为信任问题的研究提供了一个崭新的视角，并拓展了承诺信任理论的适用范围。

（2）提出购物平台上的三方动态演化博弈。信任的建立和转移是一个动态演变过程，然而对该过程的研究比较缺乏。本书在购物平台环境下，首次对购物平台上的三方，即在线消费者、购物平台、平台上的供应商进行了动态演化博弈分析，得出结论：提升消费者信任概率的关键在于提升供应商的诚信度与提升平台的保障性，丰富了电子商务信任领域的研究内容。

（3）实证消费者自身因素对信任转移的影响。研究消费者将信任从永辉超市实体店转移到购物平台的影响因素，首次提出并实证消费者自身因素中性别差异、购物年限、购物频率和收入水平与信任转移的关系。其中，中国电子商务市场环境下，对性别差异对信任转移的影响的研究，为国外相关研究分歧提供了实证。

（4）实证影响购物平台信任转移的因素。鉴于移动设备近些年来逐步得到推广使用，相关研究刚启动，本研究结合永辉超市购物平台的案例，针对虚实结合的在线购物平台热点，深入研究信任转移问题。研究较新地反映了在中国特色虚实结合的购物平台环境下，购物平台能力和结构保障对信任转移的影响程度和路径，对于移动商务系统的设计、政策制定及购物平台快速转化消费者具有理论价值和实践指导意义。

第 2 章

相关理论基础
与研究综述

2.1 在线信任研究综述

2.1.1 信任的定义

1. 信任

信任是一个复杂的社会、心理、经济现象，至今仍没有一个统一的定义。1958 年，美国心理学家多依奇（M. Deutsch）对囚徒困境中的信任问题进行了研究，开启了人际信任的研究。社会学最早开始研究人与人的信任问题。之后，人们发现信任这个课题在企业管理和经济往来中有着非常重要的作用，所以在管理学与经济学等领域展开了更为深入的研究。在社会关系网络和市场交易中，信任是最基本的，同时也是最重要的因素之一。罗力（2010）提出从 20 世纪 80 年代迄今，信任问题引发了学者们持续增长的关注，他们认为在大众社会交往中，各类经济贸易活动中，以及不同组织的政治活动中，信任问题都起到了决定性作用。信任作为一种主要社会资本，影响着一个国家经济增长和社会进步。刘凤委等（2009）从宏观层面上提出信任度的等级水平对国家经济稳步提高及社会组织成员稳定性都具有极其深远的意义；在微观层面上，企业以及企业人员间的信任度可提高企业竞争力、提高企业效率。

2. 心理学、社会学对信任的定义

心理学研究将信任视为人格特征和人际现象；在社会学中信任是社会关系的关键方面，只有建立信任才能满足情感和物质的需求；伦理学研究从道德视角来分析信任问题；经济学研究则把信任定义为一种理性选择机制。

（1）心理学对信任的定义。赵爽和肖洪钧（2009）从心理学视角提出，借助承诺的方式，或者语言说明，或者书面期望等，从而产生信任。信任是一种整合机制，产生于社会关系和社会系统中，并维持和谐。学者们对信任研究的过程中产生了一些理论，他们对信任这个概念进行了比较精准的定义。例如，信任是经过不断的社会探索而慢慢形成的一种持久的个人特色；乔宏国和唐丽艳（2003）研究认为，合作中的两个主体都具有充足的信任感，都坚信对方同样具有可信任性；也有学者从反面对信任进行了分析，如 Hosmer（1995）发现能预料到未来的损失将远远超过可能的收益的时候，依然坚定地选择信任，那么这种信任是非理性的。

（2）社会学对信任的定义。继心理学家之后，社会学家开始讨论信任的内涵，继而深入研究能够促进产生信任的因素。社会学重点研究信任特点即关系取向。社会学站到了比心理活动更高的层面，同时也超过了人际关系的层面。Barber 等（1989）强调制度性是众多因素的重中之重。信任还有一种解释，就是我们知道别人能够伤害到我们，但是我们相信对方，坚信对方不会对我们进行伤害。20 世纪 70 年代后，卢曼从浅到深地全面研究了信任问题，在信任演变过程中的个体行为方面取得了突出的研究成果，并提出信任将会使人与人之间的往来更加简单，将信任概括为人际信任和制度信任，为社会学研究信任提供了范式。同时，一些西方社会科学研究者将信任定义为人际关系的产物，信任有两个重要层面：一个是人们广泛的情感，另一个是冷静的理智。绝大多数的信任研究主要集中于理智的层面，其他小部分则主要关注情感的层面。科尔曼（J S. Coleman，1990）认为，信任一般包含三个基本要素：一是可能给自己带来潜在收益，二是可能给自己带来潜在损失，三是成功的机会或对方可信任的概率。冯炜（2010）发现信任是为超越于自私却又受限制，涉及精神状态和行动类型，受是否拥有信息影响，具有理性和情感因素，既是关系的根据又是结果，属于一种期待但不是一种可能性。除了他人可信概率之外，还需要考虑未来可能会得到的收益与可能会发生的成本。社会学家通常把信任作为社会中人与人之间关系的一个重要层面，人们依靠着相互的关系而产生出相互的交往，从而满足人们对物质等要素的需要，并满足情感、认识和意愿等其他需要。

3. 经济学对信任的定义

不仅心理学家和社会学家非常重视信任的研究，其他如经济学家也非常关注信任的研究。经济学家阿罗（J. Arrow）1985 年就指出，信任可以有效地促进经济发展，目前存在的很多经济落后的情况就是缺乏相互信任而导致的。与心理学家、社会学家不同的是，经济学家通常从理性选择的角度来定义和分析信任，即基于成本收益计算后的计算型信任。

经济学上有一个假设，人是非常理性的，一切行动都只有一个目的，即追求利益最大化。信任主体选择信任的行为只是为了提高自身利益，而不是牺牲自己为他人谋福利。然而，在选择信任的时候，又不得不面对一种隐藏的风险。个体在选择信任他人的时候，意味着把主动权交到了他人手上，盲目的信任会存在一定的不可预见性风险。这一观点为经济学家甘贝塔（D. Gambetta，1988）所认同。他提出：最终能不能建立信任，主要取决于个体针对他人决策的概率评估。这种信任实际上隐含着一条假设：对方所做的决定非常可能是对我们有益的，或者至少大概率他们不会损害我们的利益，而且这种概率非常高。由此可见，信任是在买卖双方都期待回报的情况下，采取的退而求其次的措施；而且，信任可减少交易双方监督管理和执行的成本，减少协商和处理争议时的投入。

在理性决策的基础上，许多学者运用博弈论来研究在线消费者的信任问题，并以此来观察对方的执行情况，然后再决定后续是继续合作又或者是选择背叛。博弈论认为信任基于理性，在单次博弈情况下，因为互不了解，所以一般的情形是双方将不会进行合作。但是，当博弈重复进行的时候，策略将产生变化，双方将参考以前的策略，如果之前是合作信任，则信任将会持续，直到对方发生背叛。所以博弈论者在研究信任问题的时候，更多的是选择在重复博弈的情况下进行分析。当发生重复博弈的时候，按照统计数据来说，人们更多的是选择相互之间信任。在现实应用中，Kreps（1990）将企业视为单次博弈向重复博弈转变的工具。另外，经济学突出强调的是保障成本收益的前提下，分析信任将对收益产生多大的影响，提出获取对方信任是为了在重复博弈中谋求个体自身的长期利益。

同时，也有部分经济学者从认知、感情、社会资本、文化差异等方面分析信任：认为信赖方对被信赖方的执行能力和人品等方面具有足够的信心，从而使得信赖方能够坚定地信任被信赖方，这些特征反映了认知和感情的成分；认为信任与文化差异因素相关，国外电子商务公司和产品在国内发展严重受挫就是一个较好的例证。

2.1.2 在线消费者信任定义及维度

1. 在线消费者信任的定义

网络购物产生后，除了价格等传统关注因素外，在线交易中消费者尤其关注交易信任的问题。与传统消费不同，在线消费具有它自己的特点，如交易的地域不再受到约束、交易的时间不再有限制、交易的过程不需要面对面、交易的种类范围得到巨大的扩展、交易的环节减少使得最终价格降低等。信任在网络交易中发挥着较在传统的线下交易中更为重要的作用。在线消费本身的特点也是深入理解电子商务信任的出发点。相较于传统商务模式，电子商务当中存在的信息不对称问题更为严重。所以，20世纪90年代中期以来，在线消费者信任问题逐渐成为学者们研究的重点。

国内外学者分别从网络交易环境和买卖双方关系两个方面，界定在线消费者信任的概念。一方面从网络供需双方来看，在线消费者信任是一种特殊的网络关系。它存在于消费者和其产生消费行为的电商网站之间。在有风险的在线环境下中信任是消费者对自己期望的一种态度。另一方面，从交易过程中买方与卖方双方的相互关系来看，普遍认为在线消费中的信任基础构建在买家对卖家所展现出来的能够证明其可信任的众多因素之上。具体到实际情况中，如李沁芳和刘仲英（2008）提出买家从内心上希望卖家能够站在买家的立场上更多地考虑买家的利益，能够诚实守信，能够保障产品交易的顺利完成。

第一类定义是从在线消费者交易所处的网络环境提出的。

Kini（1998）认为信任积极促进电子商务交易，即便在电子商务网络环境存在风险的情况下，消费者依然信任网络环境是安全可靠的。Corritore（2003）提出，信任方在网络交易中遇到各种风险的时候，更加希望被信任方能够承担所存在的风险，最终使交易顺利完成。在线信任就是信任方对被信任方的这一类期望。

另外，Pavlou 和 Ba（2000）提出，在一些不可预见的情况之下，关联双方中的一方通过自己的判断分析而认为对方应该会按照自己的设想来行动，这个认知的过程构成了一方对另一方的信任。他们对信任的理解有两个重要的观点：一是信任从本质上来讲是构筑在利益基础之上的，这就使得建立信任就需要先产生对于利益的预期；二是受信任者在不可预见的情况中又可能与信任者所期望的方向产生偏差甚至是背道而驰。

第二类定义是从在线消费者交易主体的立场提出的。

Morgan 和 Hunt（1994）提出，信任是一种建立在消费者信任基础之上的信念。信任是买方觉得卖方可以信赖而产生出来的一种认识，买方基于对卖方的信任而愿意承担一些不可预见的风险。形成这种认识的要素包括卖方的执行能力、交易态度、人品性格等方面。

从买方角度，Gefen 等（2003）的研究指出，在线消费者信任对网络购物时形成购买决策起重要的促进作用。在线信任指买方根据自己的分析判断，选择相信交易网站能够满足自己的需求，提供符合自己预期的产品和令自己满意的服务，因此愿意遵守网站的规定和要求，提供网站所需要的个人信息。

在线交易过程中形成了相互信任关系，即使在遇到交易风险的时候，参与交易的双方依然选择继续交易，这实际上是一种积极的愿意通过良好沟通来完成交易的心理状态（邵婷婷，2008）。可见，在线交易的相互信任是买方愿意信赖目标交易网站以及愿意对沟通中的一些争议进行有限度的妥协。

在前人研究成果的基础上，McKnight 等（2002）指出，在线消费者信任是对电子商务企业表现出的善意、能力、可预测性的信念。在线交易卖方的能力主要是指产品是否具有竞争力、是否具有良好的质量、是否具有特色以及卖方所提供的服务质量如何等，可预测性指卖方行为不会出现大的变故。

综上所述，在线消费者信任是在网络空间中构建起的一个信任环境。与现实中的消费环境相比，互联网消费环境存在于虚拟空间，超脱了地域的限制，不再有交易时间的制约，不需要面对面进行沟通洽谈，等等。然而，传统的信任和在线交易中的信任并不是无关的，它们具有很强的关联性。信任作为一个基础要素，能够促进双方合作及交易。没有信任这一个基本的前提，我们无法撮合买卖双方进而形成有保障、高效率的在线消费环境。因为在线交易中的买方与机构卖家、买方与个人卖家甚至是买方与网络安全方面等都存在着信任的问题，所以无法精准地描述出在线交易过程中的信任主体和被信任主体，于是我们把他们进行抽象而形成概念性的在线信任。

2. 在线消费者信任的维度

在文献中，Yoon（2002）验证了信任的不同维度。本书先重点分析消费者具有相信卖方的倾向性、消费者对网站的信心，以及对网络技术的信任这 3 个关键的信任维度，这是由 Morgan 和 Hunt（1994）提出的。

（1）信任的倾向性。信任倾向是与人的自身人格、性格密切相关的，它继承自自身对人性的信任情况，是一种普遍的状态，并非专门针对某一目标的信任。赵竞等（2013）指出信任倾向在某种程度上提高了网络信任的形成，也就是说自身信任倾向水平的高低，直接影响到对其他主体的信任。

信任倾向在经济交易中至关重要，因为信任将减少风险。在线消费中，买卖双方物理上分离，意外事件很难被估计，信任显得特别重要。之前的购买行为中，高水平的服务满意度将增强信任倾向性。对于消费者经历是否与信任倾向性相关一直存在着争议。高信任倾向性的在线消费者被观察到对风险的感知度较低，他们在在线交易中采取更加信任的态度。

（2）对网站的信心。信心是信任的另外一个维度。朱慧萍（2013）认为，顾客信心来源于在线商家的信誉度、由大众消费者评估的总体质量和特征，也来源于品牌知名度、第三方评价，以及之前线上或线下的交互活动。

Yoon（2002）提出广义上的品牌通常代表了较好的品质和值得信赖的保证。部分学者也认为在信息缺失的时候，对消费者选择而言，良好的品牌形象更容易得到信任，因为它代表了较好的产品品质以及可以让消费者放心的贴心服务；另外，拥有品牌的商家会充分考量价格、质量、服务等要素所处的行业水平而进行产品定价，这样就能够让买方获得相对的安全感。同时，为了减少交易的风险，消费者也通过电子交易过程中卖家的技能和竞争力来评估卖家的能力。

（3）对网络技术的信任。在线消费者的信任通常是对网络技术和沟通技术的信任的代替物。Lee 和 Turban（2001）发现，当参与在线行为时，在线消费者对技术因素所产生的信任与整体的信任交织在一起。Gefen 等（2003）论述过，卖家是否被信任主要取决于买家是否能够很便捷地获得相关认知。

消费者信任度的高低与网络技术息息相关。网站界面的风格、交互性、简洁性、质量等因素都会给购买者留下至关重要的第一感觉，优秀的设计能够激发购买者的交易欲望并促进其更细致的问询了解乃至最终成交。在线消费者在网上购买商品的时候经常不做更细致的理性分析，而是仅仅根据简单的初步感觉就选择了信任。统计证明，对于第一次访问某卖家的在线消费者来说，网站页面的设计效果将决定他们的信任程度，界面的专业性与交互性是非常关键的因素。如陈旧的信息、打不开的链接或图片等都将降低该网络技术和网站的可信任度。

网站的设计特征如网页架构和信息展示方式是易用性最直接的体现。在数量较多、位置错乱的大量链接中，简单易用的导航栏能够获取买方更多的信任感，能够促使买方方便、快捷地定位到目标位置。同时，信息的可获取性是消费者建立初始信任的重要因素之一。

2.1.3　国外信任影响因素研究现状

目前，国外对在线消费者信任的研究主要集中在影响因素、信任维度、影响机制、第三方评论、理论模型、信任转移等方面，尤其是影响因素和理论模型。对于在线信任影响因素的研究以实证为主，模拟设计在线消费者信任的结构模型，然后利用不同的条件来进行检验。对哪些因素能够影响到消费者信任的研究主要集中在消费者自身、网站方面，还有信任的维度方面、系统环境、公司方面等。国外学者对建立初始信任（Koufaris，Hampton-Sosa，2004；Zhou，et al.，2014）、在线消费者信任的构成因素（Morgan，Hunt，1994；Jarvenpaa，et al.，1999；Sultan，et al.，2002；Mukherjee，Nath，2007；Midha，2012；Dubelaar，Yeo，2015；Kaur，Quareshi，2015）等进行了深入的理论分析和实证研究。

通过整理发现，Morgan 和 Hunt（1994）首次提出 3 个信任影响因素——被信任方的诚实、能力和善意，开始将被信任方的可靠性和正直特征纳入研究中。之后的研究者则根据他们的概念开始在研究中强调被信任者特征的重要性。Morgan 和 Hunt（1994）也是首次将承诺和信任作为中介变量，从 5 个前因变量得到 5 个结果变量，最终提出关系营销的承诺—信任理论。Egger（2000）从购买前信息、界面性能、信息内容 3 个方面构建了信任模型，从而得出信任缺失成为电子商务发展主要障碍的结论。

在此基础上，Lee 和 Turban（2001）也将信任作为在线消费者进行买卖的中介变量，认为信任包含 4 项主要因素：买方对在线卖方的信任度，可具体到卖方的执行能力、诚信经营、友善的态度等；买方对在线消费环境的信任感，可具体到平台或卖方的技术方面的实力、可靠性等方面；还有比较重要的安全因素，如是否获得了第三方的认证以及其他的安全保障方法等；个人信任倾向对信任的作用也是巨大的。对于之后学者提出的影响因素，本书归纳为以下 4 类：

一是消费者自身因素。研究提出在线消费者本身的因素影响信任的产生，如成长历程、个性因素、教育背景和认知因素等。Jarvenpaa 等（1999）认为个体自身过去的经历、战略定位、信任倾向以及感知能力会影响在线信任，并在 2000 年进一步提出在线消费者对公司规模和声誉的认知决定信任状况；Sultan 等（2002）提出 4 个消费者特征，即消费者对网络的理解能力、在线消费经验、娱乐经验以及以往的在线消费经历。

Midha 和 Palvia（2012）创新性地提出了性别因素，通过收集 322 份有经验的在线消费者调研数据，研究了授权和隐私担忧对不同性别消费者建立信任的影响。结论表明：授权对于男性建立信任具有更强烈的正向作用，作用大于女性；相对于男性，隐私担忧对于女性建立信任具有更为负面的影响。

二是网站平台因素。国外研究发现，网站的布局、质量和提供的信息将影响在线消费者信任，高质量的网站信息和网站界面有利于形成消费者信任，影响消费者信任的因素有信息的数量、质量和即时性。部分学者研究了网络平台的可信任度（包括能力、善意和诚实）、网络消费场景的可信任度（如是否可靠、技术能力高低等），以及安全措施和是否进行了第三方认证对建立在线信任的影响。网站的安全性将影响个人信任倾向并作用于信任。另外，部分学者假定并论证了网站设置的制度性保障会影响在线消费者信任。其中，Liu（2005）提出了对隐私保护的感知将影响信任行为意向。

三是供应商及产品因素。Mukherjee 和 Nath（2007）提出建立在线信任有 6 个方面要素，即商品本身、买卖规则、信息技术、过程执行、买卖过程和各类信息。Kaur 和 Quareshi（2015）提出影响在线消费的主要原因为缺少产品完整信息、视觉设计无吸引力、缺乏安全感、缺失地域限制上的检测等。Pappas（2018）研究发现信任、隐私、情感和体验会增加购买意愿，它们的缺乏则会抑制购买意愿。此外，高频率的购物经验可能有助于克服信任缺乏或消极情绪，而低经验需要高度信任和幸福的结合。

四是第三方评价因素。Eastlick 和 Lotz（2006）注意到消费者除了关心自己的隐私是否受到保护外，也非常关心在线卖家是否有一贯的良好声誉，这两点都会影响到信任的建立甚至对购买意愿起着直接而且重要的作用。之后，Chang 等（2013）研究了不同信任机制的有效性和交互作用，包括第三方证明、信誉、回馈政策，这对于建立信任具有明显的正向作用，并交互影响信任的程度。

除了上述 4 类影响因素，Huang 等（2014）以 eBay 在中国失败的案例，提出在儒家文化下如何建立在线信任，指出了中西文化差异对信任的影响，特别研究了 2 个因素：过程灵活与感知控制。由此引发了本书对文化差异的关注，并启发本书在后文中将共同价值观（shared value）作为一个主要影响因素进行研究。

在分析影响因素的同时，部分学者着重研究了初始信任的建立：Koufairs 和 Hampton-Sosa（2004）研究了新消费者建立初始信任的因素，观察到的公司声誉、定制化产品的意愿、服务 3 个因素明显地影响初始信任，网址使用情况、易操作性和安全控制也是明显的信任建立前因。但是，对个体信任倾向的研究表明，该因素对于信任建立无支持作用，这一点与其他学者研究结果相悖。之后，Zhou（2014）通过详尽可能性模型（elaboration likelihood model），研究检验了在线消费者第一次访问新网站的初始信任建立。结果表明影响初始信任的两个主要因素是论证质量（argument quality）和信息源可信度（source credibility）；同时，发现文化变量（不确定性缺失、个人主义）对初始信任有直接作用。

另外，值得注意的是，在线信任转移方面的研究已成为国外学术界研究热点。在线信任转移可分为渠道内信任转移和渠道间信任转移。

关于渠道内信任转移，Stewart（1999）认为消费者通过网站间的相似性和交互性，将对认知度高的网站的信任转移到陌生的网站上，可信网站和陌生链接网站之间相似度越高，联系度越高，信任转移就越明显。Baal 和 Dach（2005）分析了在线消费者的渠道选择与消费次数、信息搜索习惯和商品质量之间的联系，发现在消费的不同阶段消费者会做出不同的渠道选择，但尚未研究消费者个体特征（即自身因素）和渠道属性对在线消费者购买意愿的影响。Thompson（2008）提出，购物平台上的在线信任水平和感知到的第三方认证对信任转移具有正向影响。Dholakia 等（2010）探索了消费者如何了解各消费渠道，进行不同选择，建立信任并转移的过程，发现大量消费者更倾向于使用单一的传统实体渠道购物，而且消费者转换到新的线上购物平台是非常谨慎的。这可能与国别和电子商务发展阶段相关。

渠道间信任转移又可细分为线下渠道至线上渠道的信任转移，和目前更为流行的线上渠道与移动渠道之间的信任转移。Kuan 和 Bock（2007）发现消费者对实体店的信任能够显著影响其网络平台信任。Ansari 等（2008）发现消费者从实体店转移到网络渠道，转移成本显著降低，同时降低了消费者的忠诚度，提出了消费者多渠道迁徙和转移行为的理论框架。Hahn 和 Kim（2009）在此基础上，提出实体店信任可用于预测消费者使用企业购物平台搜索产品的意愿，该意愿和在线消费信心正向影响消费者的购买意愿。Badrinarayanan 等（2012）基于评价性条件反射理论，实证消费者对实体店的态度正向影响其对在线平台和供应商的态度，其信任也正向影响在线信任。Nicholson 等（2002）发现消费者已经从实体渠道转移到网络渠道购物，更倾向于选择多渠道进行购物，并研究了情境因素对多渠道选择的影响。随着智能手机的普及，线上渠道向移动渠道转移的趋势日益明显。Lin 等（2011）提出了线上渠道向移动渠道转移的顾客决策模型，实证表明在线支付信任对移动支付信任具有非常积极的、有力的影响，以及移动支付信任可影响使用移动支付的意愿。Chiu 等（2017）以移动端手机银行为研究对象，研究了信任扩散、基础设施、质量、感知成本、隐私和安全、人口统计变量和初始信任，验证了理性行动理论的模型。国外对于建立信任的影响因素的研究如表 2.1 所示。

表 2.1　国外对于建立信任的影响因素的研究

作者	时间	主要发现
Morgan and Hunt	1994	首次将承诺和信任作为中介变量，从 5 个前因变量得到 5 个结果变量，最终提出关系营销的承诺—信任理论
Jarvenpaa，et al.	1999	曾经的经历、战略定位以及信任倾向等因素都会影响到在线信任。2000 年，进一步提出在线消费者对公司规模和声誉的认知决定信任状况
Hoffrnan，et al.	1999	安全性和隐私是网络信任的主导因素
Urban，et al.	2000	影响消费者信任的因素包括信息数量、质量、实用性、有用的信息及诚信
Egger	2000	从购买前信息、界面性能、信息内容 3 个方面构建了信任模型，从而得出信任缺失成为电子商务发展主要障碍的结论
Lee and Turban	2001	信任的 4 项主要因素包括：买方对在线卖方的信任度，可具体到卖方的执行能力、诚信经营、友善的态度等；买方对在线消费环境产生的信任感，可具体到平台或卖方的 IT 技术等方面的实力、可靠性等方面；还有比较重要的安全因素，如是否获得独立第三方的相对权威认证以及其他的安全保障方法等；个人信任倾向对信任的作用也是巨大的
Sultan，et al.	2002	4 个消费者特征：在线消费经验、消费者对网络的理解能力、娱乐经验和以往的在线消费经历
Walczuch and Lundgen	2004	研究了影响消费者信任的因素，包括消费者自身因素、过程感知因素、历史经验因素和学识储备因素等，并用数学方程解释了消费者信任与各要素间的关系

续表

作者	时间	主要发现
Koufairs and Hampton-Sosa	2004	研究了新消费者建立初始信任的因素，观察到的公司声誉、定制化产品的意愿、服务 3 个因素明显地影响初始信任，网址使用情况、易操作性和安全控制也是明显的信任建立前因。但是，对个体的信任倾向研究表明，该因素对于信任建立无支持
Bart，et al.	2005	建立了新的模型，联系了网站、消费者特征、在线信任和行为意图。信任部分调节了网站和消费者关系，对于非经常性购买，信任因素影响最强；反之，影响减弱
Kim，et al.	2005	提出 B2C 模式的电子商务信任形成的多维理论模型，将线上消费市场分为 4 个不同的主体，即网络技术、买方、卖方、第三方
Wang	2005	信任的影响因素包括网页内容设计、网站结构设计、社会因素的考量和产品设计，如欲建立或提高在线消费者信任度，需优化上述因素
Liu	2005	对隐私保护的感知将影响信任行为意向
Eastlick and Lotz	2006	在线消费者对个体隐私的关注和对卖方商家信誉的认知将影响信任的建立和购买意愿
Mukherjee and Nath	2007	建立在线信任有 6 个方面要素，即商品本身、买卖规则、信息技术、过程执行、买卖过程和各类信息
Pi，Liao and Chen	2012	特定研究了在线金融领域信任的建立因素，采用了 126 份样本，结果表明：交易安全、网页、公司意识优先于因特网经历和导航功能，直接影响在线消费者认知信任；在线消费者的认知信任影响情感信任；交易安全是影响情感信任的唯一因素
Midha and Palvia	2012	收集了 322 份有经验的在线消费者调研数据，研究了授权和隐私担忧对不同性别消费者建立信任的影响。结论表明：授权对于男性建立信任具有更强烈的正向作用，且作用大于女性；相对于男性，隐私担忧对于女性建立信任具有更为负面的影响
Chang，et al.	2013	研究了不同信任机制的有效性和交互作用，包括了第三方证明、信誉、回馈政策，这对于建立信任具有明显正向作用，并交互影响信任的程度

续表

作者	时间	主要发现
Huang, et al.	2014	以 eBay 在中国失败的案例，提出在儒家文化下如何建立在线信任和中西文化差异对信任的影响，特别研究了两个因素：过程灵活与感知控制
Zhou, et al.	2014	通过详尽可能性模型，研究检验了在线消费者第一次访问新网站的初始信任建立。结果表明影响初始信任的两个主要因素是论证质量和信息源可信度。同时，发现文化变量（不确定性缺失、个人主义）对初始信任有直接作用
Dubelaar and Yeo	2015	通过对学生在线消费的实验，研究了信任建立的动态过程，发现了关键因素：压力
Roghanizad and Neufeld	2015	消费者信任决策模型假设使用慎重的审议进程。直觉在有风险购买决策中的重要作用，风险不对称影响了审议和直觉决策过程，对网站设计作为新的启示因素进行了讨论
Kaur and Quareshi	2015	提出影响在线消费的主要原因为缺乏安全感、缺失地域限制上的检测、缺少产品完整信息、视觉设计无吸引力等
Chiu, et al.	2017	以移动端手机银行为研究对象，研究了信任扩散、基础设施、质量、感知成本、隐私和安全、人口统计变量和初始信任，验证了理性行动理论的模型
Pappas	2018	研究信任、隐私、情感和体验会增加购买意愿，它们的缺乏则会抑制购买意愿。此外，高频率的购物经验可能有助于克服信任缺乏或消极情绪，而低频率的购物经验需要建立高度信任

资料来源：本书作者根据文献整理。

2.1.4 国内信任影响因素研究现状

受经济发展情况和网络使用范围的影响，国外学者对于在线信任的研究起步较早，研究涉及购物平台的相关因素、构成网站的 IT 技术、商品的品质、包含的描述信息及其他介绍内容等。国内的研究近 20 年才陆续开展，所以多借鉴了国外的研究理论和方法，初期较多探讨了相关理论，对相关影响因素也进行了一定研究（严中华等，2005；李沁芳、刘仲英，2007；徐正东，2009；冯炜，2010；任婷婷等，2014；周小兵，2015），近些年陆续开展了实证研究。但是，目前大多数研究仍然将平台类购物网站作为 C2C 网站，参照 B2C 模式，研究了消费者对于网站上卖家的信任，而极少关注消费者对于平台本身的信任问题（吴洁倩，2011）。

近年来，国内的专家学者也开始研究信任问题，利用博弈等思维方式和纯经济的角度对信任与共赢、文化等方面的关系进行分析，并将信任升华到了社会责任与意识形态等方面（严中华等，2005）。北京大学张维迎教授著有《产权、政府、信誉》，也从社会关系方面解读了信任的产生与发展。

在严中华等（2005）研究制度信任的基础上，李沁芳和刘仲英（2007）运用制度经济学理论对系统信任进行了研究，从交易载体的便捷性以及良好的服务体验等方面进行了分析；徐正东（2009）就消费者对商家的制度产生的信任和与之相对应的分析模型进行了细致的研究，并在此基础上提出了以制度为基础的消费者信任模型；赵宏霞等（2010）在对 B2C 环境下消费者信任的影响因素分析中，新增了包含网络中介、IT 技术、法律法规要素的系统环境和基于关系的营销模式这两种因素，并将信誉因素分成了网站信誉和公司信誉。

国内对于在线信任的研究主要集中在影响因素研究。如：冯炜（2010）指出基本信任倾向、对卖方级别的判定、网购产品送递时间、交易的安全、线上价格与线下价格之比、线上产品质量与线下产品质量的比较、买方的学习经历和网龄长短、在线消费历史等因素对消费者在线购买产品的信任有着比较明显的影响。

任婷婷等（2014）认为影响消费者信任因素，包括网站形象、商品服务、支撑保障三方面，并且进一步分析了网购信任影响因素对不同网站和商品品类之间的影响程度。

周小兵（2015）认为顾客信任是使在线品牌效应得以迅速建立的重要原因，它和是否保护了消费者私密信息、好评率的高低、交易环境的可信性、购物体验、信息查阅等因素都有着直接的关系。另外，Hsu 等（2014）发现大部分前因与不同类型的信任相关，并论证了四种类型的信任对预估风险和态度有至关重要的决定性因素。

对于信任转移的研究，杨庆（2005）验证了信任转移在虚实结合 B2C 模式中的作用，转移信任与在线信任的正相关关系在初始网络信任阶段比较显著，而在经验信任阶段变得不显著。杨晨和王国顺（2014）研究了影响电子商务消费者的购买行为的实体店因素，并分析了转移路径。Bao 和 Huang（2018）证明购物平台通过实体店体验和电子信任的中介作用间接影响消费者黏性意向，此外经验也会产生显著的影响，进而间接影响其黏性意图。

综上所述，国内学者对在线消费者信任因素的研究大多基于国外的研究理论和方法，国内学者对在线消费者信任因素的研究明显滞后于国外，对信任影响因素的研究大多停留在定性研究、理论框架研究和探讨，相对而言定量的实证研究比较缺乏。关于信任转移、信任动态发展、消费者性别差异、消费者的重复购买行为等问题，国内还较少研究，这也是今后国内研究的发展方向。

在线消费者信任简单概括具有3个特点：一是风险是由在线消费中的不确定因素产生的。相比传统线下购物而言，在线消费更具风险性，所以信任在电子商务中的作用非常重要。二是在线交易体现了作为信任者的买家与作为被信任者的卖家的一种关系行为。其中，买家处于劣势地位，更可能遭受到未知的伤害；卖家则相对处于主动地位。三是在线消费者信任的最高层次是通过网络人际互动，建立人际信任，更有利于网站交易的实现。

目前在线信任的研究主要集中在消费者对供应商和产品的信任，极少分析对购物平台的信任问题。由于在购物平台上，网络平台和商家已经发生了分离，所以对于购物平台上影响信任建立的因素是值得深入研究的。同时，消费行为从线下渠道转移到线上渠道，从线上渠道转移到移动端，这种趋势日益显著，相关的实证研究还很少。鉴于以往购物平台影响信任因素和信任转移研究方面的不足，本书将着重研究建立在线平台初始信任和移动渠道信任转移，并开展相关实证。国内对于建立信任影响因素研究如表2.2所示。

表2.2　国内对于建立信任影响因素研究

作　者	时　间	主要发现
严中华等	2005	分析了B2B模式下影响信任建立的因素，发现制度信任、结构保障和情景规范是影响信任的关键因素
唐嘉庚	2006	利用基于过程的观点，构建了在线互动导致信任态度、信任态度导致购买倾向的理论逻辑和相应的概念模型
李沁芳、刘仲英	2007	运用制度经济学理论分析了系统信任，从易用性和可获得性进行度量，根据理性行为理论对信任和信任行为意向进行考察
赵宏霞	2010	在对B2C环境下消费者信任的影响因素分析中，研究系统环境和关系营销，并将信誉因素分成了网站信誉和公司信誉
冯炜	2010	基本信任倾向、对卖方级别的判定、网购产品送递时间、交易的安全、线上价格与线下价格之比、线上产品质量与线下产品质量的比较、买方的学习经历和网龄长短、在线消费历史等因素对消费者在线购买产品的信任有着比较明显的影响

续表

作 者	时 间	主要发现
丁锋	2011	分析在线环境信任、平台信任、卖家初始信任，研究了结构保障和交易支持对在线信任的影响，及网站名气、安全性、易用性的影响
赵冬梅	2013	分析探讨了在线消费者与网络商家之间心理距离，将其视为由时间距离、空间距离与社会距离构成，并分析各个因素对消费者决策的影响
任婷婷等	2014	影响消费者信任的因素包括网站形象、商品服务、支撑保障等3个方面，进一步研究分析网购信任影响因素对不同网站和商品品类之间的影响程度
Hsu and Chuang	2014	论证了4种类型的信任对预估风险和态度有至关重要的决定性因素。另外，大部分前因被发现与不同类型的信任相关
周小兵	2015	顾客信任是构成网络品牌忠诚的重要因素，与网络安全、隐私保护、品牌名称、口碑效益、经验、信息等因素相关
Liu	2015	基于信任，论证有效的影响因素，进而研究口碑市场营销
Bao and Huang	2018	证明通过实体店体验和电子信任的中介作用间接影响消费者黏性意向。此外经验也会对电子信任产生显著的影响，进而间接影响电子商务的黏性意图

资料来源：本书作者根据文献整理。

2.2 实体店的演化分析

随着大城市和机械化生产的出现，世界上第一家百货商店于 1852 年在法国巴黎开业。20 世纪 30 年代，伴随经济危机和汽车工业出现，产生了超级市场。随着生活节奏的加快和物流业发展，1950 年出现了便利店、专业商店、购物中心。1996 年摩尔建立了一个关于商业活动体系的结构模型（图 2.1）。在这个模型中，商业活动体系由 4 个方面构成，分别是供应商、市场中介、消费者和企业。可以看出，实体店的发展及演化不仅仅受宏观环境如市场因素、行业因素的影响，受环境支持系统如资产所有者、行业协会等影响，竞争对手的影响，而且受核心供应链系统如消费者、供应商、物流企业的影响。

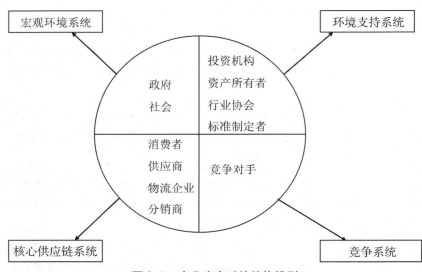

图 2.1　商业生态系统结构模型

2.2.1　全球实体店发展遭遇掣肘

2022 年，全球零售商在发展实体店上所面临的挑战对其未来的扩张战略具有重大影响。首先，零售商需要重新评估他们对实体店的投资方式，并将重点放在最具增长潜力的地点。这意味着要进行彻底的市场调查，以确定人口结构、消费者行为和经济都较为稳定的地区。其次，全球零售商必须优先考虑数字化转型，以补充其实体店的存在。疫情期间遇到的障碍凸显了全渠道方法的重要性，即在线渠道与实体店无缝整合。投资电子商务平台、强大的物流网络和创新技术对未来的成功至关重要。

零售商在全球实体店的扩张的一个重大障碍是来自电子商务平台的竞争日益激烈。随着网上购物的便利性和可及性的提高，传统的实体店在吸引顾客和吸引人流方面遇到了困难。此外，另一个挑战在于实体店如何适应不断变化的消费者偏好和行为。

2022 年全球零售商 50 强由美国国家零售联盟（NRF）和凯度零售（Kantar Retail）联合编制，根据 2021 年零售商的运营情况、零售商的国内和国际零售收入计算积分，并且要求零售商在至少三个国家进行直接投资（排名前十的零售商如表 2.3 所示）。

表2.3　全球 2022 年零售商排行榜

排名	零售商	所在国家	主要业务范围	公司营收 /10 亿美元
1	Walmart（沃尔玛）	美国	综合零售大卖场	538.15
2	Amazon.com（亚马逊）	美国	电商	330.20
3	Schwarz Group（施瓦茨集团）	德国	折扣店	158.58
4	Aldi（阿尔迪）	德国	折扣店	134.67
5	Costco（开市客）	美国	会员店	187.16
6	Ahold Delhaize（阿霍德）	荷兰	食品杂货	93.20
7	Carrefour（家乐福）	法国	综合零售大卖场	105.42
8	IKEA（宜家）	瑞典	家居	52.21
9	Seven & I（7&I 控股）	日本	便利店	97.08
10	The Home Depot（家得宝）	美国	DIY 自助工具	142.27

当商场重新开放时，服装销售出现反弹，并随着购物者被压抑的需求得到释放而蓬勃发展。但依赖进口的零售商很难达到 2020 年的经营业绩。食品零售业不仅容易受到物流放缓的影响，而且容易受到塑料和铝等包装材料短缺的影响。2021 年，大多数国家的劳动力短缺加剧，这限制了许多零售商维持较长的营业时间，也影响了他们提供服务的能力。

2.2.2　国内实体店的发展及转型

国内实体店的发展，既跟随国际发展趋势，又适应中国国情，具有中国特色。在相对较短的 30 多年时间里，中国先后出现了各种形式的百货商场，购物中心和连锁超市。目前，国内实体店存在明显的问题：人均可获得的实体店设施面积远低于发达国家，大城市供给过剩和低线乡镇供给不足并存，各地区间发展不均衡，大量消费者不能获得高质量的产品和服务。另一方面，实体店频繁地出现关闭的现象。截至 2022 年底，沃尔玛在中国境内累计关闭门店超过 130 家；2023 年以来，沃尔玛又关闭了 15 家门店，乐天玛特已撤出中国市场。

实体店的转型和发展是不可避免的。零售生命周期理论发现，实体店具有创新、发展、成熟和衰退的不同增长阶段。因此，国内的实体店同样也将面临发达国家实体店逐年衰退的情况。随着淘宝、京东、拼多多、苏宁、国美等电子商务平台的发展，实体店的市场份额逐年降低，利润空间减小，不同行业的实体店都面临巨大的竞争和突破的瓶颈。如何帮助实体店重新进行市场定位，制定新的发展战略，这是本书要重点研究的从实体店转移到购物平台的问题。

国内的实体店也需要通过转型和变革来摆脱成熟期的相应问题——利润空间受到限制，投资回报率大幅下降，通过裁员减薪维持运营。然后，竞争的激烈需持续追加投资以获得规模优势，进而保障市场占有率和获得持续利润。只有摆脱实体店的种种限制，加快升级转型，让实体经济从衰退中复苏。借助电子商务的快速发展，结合在线交易齐头并举，进行管理变革和模式创新，实体店才能避免被淘汰。

2.2.3　实体店的渠道演进

渠道的发展包括单渠道到多渠道到跨渠道（交叉渠道）再到全渠道等4个过程。

1. 单渠道零售

单渠道零售是指只通过一个渠道将产品和服务从一个卖方转移到客户或消费者手中的行为。从技术上讲，单渠道是为少数消费者服务的，如农民通过其所在的或附近的乡镇市场进行自家农产品的销售。从广义上讲，但凡在同一渠道进行销售或购买过程的7个环节，都可称为单一渠道零售。即便是只通过网店进行销售，如有些品牌只在淘宝上开设网店，自己没有实体店，这些也属于单渠道零售。

单渠道零售的战略优势是企业的成本低，便于安排工作和落实方案，各项监督容易落实，售后也相应简化，使具有竞争优势的品牌或商品可占领较大的市场份额，实现利润最大化。单渠道策略也存在明显的劣势，严重限制了消费者的规模，如实体店很难触及5公里圈范围外，同时降低了消费者的多样性。

2. 独立多渠道零售

多渠道营销是指通过不同形式的可接触到消费者的渠道或平台，在每一个渠道或平台与消费者发生交易。从技术上讲，多渠道是多个单渠道的组合，每个渠道都完成渠道的全部功能。同时，不同的渠道营销针对不同类型的消费者，而且在运营上没有统一的操作流程和行业规范。单渠道零售和独立多渠道零售是多渠道零售发展的初级阶段。20世纪初，西尔斯实体店通过自有的实体门店和邮购这两种不同的渠道开展市场营销。近年来，国内服装、食品、日用品供应商不仅通过线下实体店销售商品或服务，而且通过线上各购物平台进行销售，这些都属于多渠道零售。

多渠道零售是单渠道零售的提升，有利于优势品牌开拓市场，在促销活动中覆盖指定性更明确的消费者，或面对相对广泛、更多样化的消费者，以此获取更多的消费群体。然而，这些不同的渠道相互之间不能流通和连接，将不可避免地导致运营效果不高。

3. 跨渠道零售

为了解决渠道间互相独立导致商品交易和服务沟通不顺畅等问题，进而产生跨渠道零售。多渠道零售是同时经营多个平台，跨渠道零售则是在经营多个平台的同时，打通各个平台，实现数据的无缝式衔接。

跨渠道战略最深远的影响是帮助品牌在不同的渠道同时与消费者沟通，并评估品牌在多点触达消费环境中的真实表现。通过收集各个渠道的数据，购物平台、供应商等企业可以准确评估消费者对商品的喜好和促销活动的有效性，预测未来的消费趋势。

上述这三种模式都是以供应商为中心的渠道布局模型。

4. 全渠道零售

全渠道零售通过整合利用所有线上、线下数据，投放广告，在不同渠道间高度整合协同，以满足消费者在消费过程各阶段的个性化购物、娱乐、社交的综合体验需求，为消费者提供最佳体验。全渠道零售是一个以消费者为中心的渠道模式，突破了渠道壁垒的制约。面对不同的渠道，如购物平台电脑端、移动端、实体店、社交商店，同一个消费者拥有唯一的用户名、相同的密码、同一份交易清单，享受相同的售后服务。

卖方将不再只是简单地向消费者显示内容，并且卖方将实时与消费者交流。全渠道零售随着不断开发出来的新技术和大数据而进一步完善，满足了消费者多样化、个性化的消费需求。从技术上讲，全渠道在本质上和跨渠道是相同的，但是在数据挖掘和数据识别方面，全渠道的优势更加明显。

2.3 购物平台研究综述

2.3.1 购物平台定义

电子商务是以商品交易为中心，借助信息网络技术进行的一项商业活动，包括各种商品销售、金融活动、服务出售等，并通过商品交易和在线电子支付以实现买方的在线消费。购物平台是随着电子商务的发展、企业的需要、消费者的成长而出现的。区别于单纯的电子商务网站，购物平台是为供应商或消费者提供在线交易洽谈的平台。依照业务模式的不同，电子商务主要可分为 B2C 和 C2C 两种模式。B2C，即 Business to Customer，指企业与消费者之间的电子商务；C2C，即 Customer to Customer，指消费者与消费者之间的电子商务。本书主要涉及 B2C 模式。

B2C 模式可分为两种：一是平台网上购物网站，指平台经营者建立网站，为企业卖家提供交易平台，但不涉及物流和实际商品交易环节，只提供订购、付款、信息流等中介服务，如淘宝网、拼多多、聚美优品等；二是自主营销网上购物网站，指企业建立自己的网站，亲自参与完成商品销售及其相关的所有环节。

2.3.2 购物平台模式和运营机制

1. 购物平台模式

购物平台模式主要分为垂直型和综合型两大类。科学消费正在改变消费行为，对企业品牌和电商平台提出新的要求。垂直型购物平台和商品品类正在崛起，健康类和财经、科技类资讯走热；48.9%的在线消费者通过垂直型购物平台购买商品，超过 75%的消费者通过综合型购物平台购买商品。

（1）垂直型购物平台面向特定人群，或针对某种需求（如服装、家电、婴幼儿食品等），在核心领域深度挖掘，加强同各大品牌的商务合作，解决与线下实体店的价格等利益冲突，提供差异化的、便利的支付方式，具备完善的售前、售中、售后服务。例如，红孩子是中国最大的孕婴妈妈安心购物网站，网上销售母婴、化妆品、食品、家居、厨房用具等类别共 5 万多种商品，为孕婴妈妈和婴儿提供产品和服务。分析发现，虽然垂直渠道对相应领域消费者的影响逐渐显现，也具有服务专业化和完整的评价体系，但是具有明显的劣势，如毛利低、其他品类关联度低，主要面对国内市场，产品同质化程度高，尚未具备与综合 B2C 购物平台竞争的能力，在服务方面没有相对优势。

（2）综合型购物平台是在线交易虚拟的网络空间和确保交易顺利运行的管理环境，是协调和整合信息流、物流、资金流有序、关联和高效流动的重要场所。购物平台的供应商使用现成的商品展示、交易、支付平台及后台管理系统，简化了交易流程，增强了管控能力，并提高了销售额度。同时，消费者可以更安全、便捷、高效地购买满足自身需求的商品或服务。例如天猫商城，是国内知名综合型购物平台，整合数万家品牌商、生产商，为供应商和消费者提供一站式解决方案。

购物平台的盈利模式包括销售自有产品、销售衍生产品、产品租赁、拍卖、销售平台、特许加盟、会员、互联网服务、信息发布、广告等（表2.4）。

表2.4 购物平台的主要盈利模式

盈利模式	具体来源
销售自有产品	销售企业生产的产品,在购物平台扩大销售,获取利润空间。如长虹在线销售平台
销售衍生产品	销售与本行业相关的衍生产品,如医药咨询平台,并销售药品
产品租赁	提供商品的租赁服务,如共享汽车 GoFun
拍卖	拍卖商品,并收取服务费用,如淘宝法拍、海关拍卖等
销售平台	接受消费者在线订单,收取交易费的中介费,如淘宝商城
特许加盟	发展特许加盟,迅速扩大规模,并收取加盟费,如当当、莎啦啦等
会员	收取注册会员的会费
互联网服务	为行业内企业提供咨询、行业报告等相关服务
信息发布	发布商品、就业、房产等的供求信息等,如58同城、链家网等
广告	为企业发布广告,是购物平台的主要盈利来源

2. 购物平台运营机制

购物平台的运营机制可概括为以下7个方面:

(1)基本规则。目前我国的网上购物平台都是免费注册的。卖家在销售商品时,必须通过银行的身份认证。

(2)竞价机制。以淘宝为例,将商品销售分为拍卖和固定价格销售。拍卖是以买方在一定时间内的出价为基础,出价最高者得到商品;固定价格则不允许讨价还价的。

(3)广告机制。购物平台淘宝网就是一个付费做广告的例子。商家需要支付一定的费用做广告,才能提升店铺的曝光率。

(4)第三方交易机制。目前,网上购物平台大多使用第三方支付,如淘宝和支付宝、帕特网和财付通、易趣和安付通。

(5)信用评价机制。完成交易后,在评价有效期内,买卖双方可以对对方的交易进行评价。

(6)技术发展机制。无纸化办公替代了传统的纸质文档,通过线上系统即可实现高效、快速、准确的数据交换,并在平台上保存交易记录,出现争端时便于查询和处理。在线支付和结算的出现,加快了资金的流动,方便了平台上三方资金的结算。

(7)增值服务机制。面向个人用户的服务很难收费。目前,大多数盈利的网上购物平台依赖于向企业收费。

2.3.3 国内购物平台规模现状

2022 年，中国电子商务市场规模再创新高，电子商务平台交易额达 43.8 万亿元。在产业结构层面，各购物平台加快了线下融合，发展连锁的实体店，如阿里、京东等，通过投资、并购、战略合作等整合实体店，利用资本优势和品牌效应，新建或扩大了实体店规模。购物平台和实体店的融合将进一步改善零售业小而散和多环节的劣势，提高流通效率，促进消费。同时，实体店向在线消费者提供了更为真实的消费场景。从行业趋势分析，电子商务、社交网络和内容整合的发展趋势更为明显。微信、京东、淘宝等逐步推出类似拼多多功能的淘宝特价等新型社交应用，市场反应说明社交网络正成为扩大在线消费的重要办法和突破口。另外，购物平台推出短视频营销，或者短视频中标注购物平台的链接等。从消费者层面分析，消费者具有分层趋势，如何满足不同的消费群体成为购物平台的研究任务，如在一、二线城市中如何满足高收入群体对品质和消费体验的需求，在三、四线城市中如何满足中老年长尾消费者对价格敏感的需求，等等。在后文中会进一步分析苏宁易购的消费群体。

购物平台具有双边市场和网络外部性的产业特点，具备双边市场的重要特征，即网络外部性、双边性、双边依存性、长尾经济性、不对称定价、免费定价或补贴定价、平台协同性、消费者多归属性等特征。其中，双边市场特征是购物平台最重要的特征。购物平台是由市场需求而创建的双边市场，为不同主体间的商品买卖提供了保证和效力。购物平台向供应商和消费者两种对象提供服务，正常情况下不参与交易双方的交易过程，除非是出现争端，具有中间商或中介的作用。通过购物平台进行买卖的交易双方即供应商和消费者构成了该购物平台的两边市场，两端的客户使用在线购物平台来满足互补需求并使其有效。网络外部性是购物平台的另一个重要特征。网络外部性是指连接到一个网络的价值取决于已经连接到该网络的人数。研究发现，购物平台的消费者和供应商因为双方数量的增加进而取得更大效用。

在线购物的消费者和使用在线支付的消费者占全部消费者的大多数，主要原因是社会经济的持续发展，先进技术、数字内容和平台应用的联合开发，购物平台向消费者展示了多样化个性化的消费场景，同时第三方支付机构与购物平台一起合作，大幅提高了交易的资金流动性和安全性。购物平台对协调供给侧结构性改革和促进农村振兴发挥了不可忽视的重要作用，解决了大量生产和销售环节的就业问题，尤其在中小城市和乡镇山区。

　　综上所述，购物平台促进了不同营销渠道中介机构的业务发展，加强了其现有的运营和战略管理，以过程变化和增加客户服务的形式提供逐步细化的商品和服务。平台改进是通过关注内部效率，以及通过改变流程来提高集成度、缩短时间和降低成本来实现的。增加客户服务，对服务进行改进，提升平台形象和开展定制化服务。为了充分利用购物平台的发展潜力，未来的购物平台工作需要在整个行业发展的背景下进行，包括结构变化、流程梳理和进入新的细分市场，以适应科学消费的发展趋势。

第 3 章

影响购物平台在线信任的三方动态演化博弈

新制度经济学提出交易费用和信息不对称的问题会导致失信，学者们逐步开展信任问题研究。建立购物平台在线信任是一个动态的、不断演化的过程，消费者在建立信任、形成购买决策的过程中，不仅受自身因素，如年龄、教育背景、收入、性别等的影响，也受信任倾向、第三方因素的影响，这些影响对在线交易的信息系统和交易环境是敏感的。购物平台和购物平台上的供应商提供了产品信息和交易环境，二者之间的信任和遵守信任行为会互相影响，二者与消费者之间的信任和遵守信任行为也会互相影响；信任倾向，即三方的行为结果均会对其他方的行为产生影响。Fudenberg 和 Kreps（1986）运用有限的重复博弈模型，研究发现重复博弈会加强双方的持续信任。Lewicki 和 Bunker（1995）建立了三阶段博弈的模型，进而研究信任形成及其演化。

演化博弈是研究某一群体变化的动态过程，适合用于解决网络动态博弈问题的建模方法。在购物平台交易的过程中，在线消费者、购物平台、购物平台上的供应商在演化博弈中策略的选择都可以看作服从某种规律的网络上的动力学行为。分析该动力学行为，研究该动力学行为的机制，是研究在线信任建立的重点。因此，分析购物平台和供应商的演化博弈关系、研究购物平台对在线消费者的演化影响，探索建立在线信任的动力学机制，对深入认识在线消费者群体和在线群体行为的客观规律、合理引导和规范购物平台和平台供应商的行为、促进电子商务的发展，都具有重要的指导意义。

本章采用演化博弈论的方法，研究购物平台上在线信任演化的全过程，并利用 Python 软件对模型进行仿真和分析，旨在对在线消费者的信任形成建立一个整体抽象的认识，并为后续章节深入研究进行铺垫，进而在第 4 章探讨建立购物平台在线信任的影响因素，在第 5 章分析信任从实体店转移到购物平台的影响因素。

3.1 演化博弈基本思想和数学推演

3.1.1 演化博弈基本思想

博弈论已成为经济学的核心内容。传统博弈论的理论基础假设了完全理性，确保博弈参与人不会犯错。在现实生活中消费者无法满足这种完全理性的假设，限制了传统博弈论研究的开展。因此，有学者在完全理性和非完全理性的基础上，研究了有限理性。决策者追求满意而不是最优的标准。

演化博弈论是把博弈理论分析和动态演化过程结合起来的新理论。Smith 和 Price（1973）首次提出演化稳定策略，标志着演化博弈理论的出现。随后 Taylor

和 Jonker（1978）再次突破性地提出了基本动态概念即复制者动态。

博弈中的各方会通过对彼此的了解和研究来做出决策，当选择演化稳定策略的时候则达到了演化稳定状况，即演化均衡。成功的测量被重复，进而获得满意的收益，总的收益取决于群体中博弈各方的个体行为策略和采取该策略的群体数量，演化稳定策略即达到演化均衡时各方选择的策略。基于有限理性假设的演化博弈论，有利于学者对各种社会经济学现象进行科学的分析、解释和预测。

从微观来看，购物平台上的消费者、平台自身和供应商是有限理性的，各自的决策具有不确定性，三方之间的行为决策会互相影响和制约。因此，三方在每一阶段进行重复的博弈，每方的策略选择依赖于其他两方行为决策的收益，同时该方的收益又将对其他两方的决策造成影响，从而构成演化博弈模型，并达到某种均衡的状态。

3.1.2 演化博弈数学推演

演化博弈论最关键的是演化稳定策略和复制者动态，代表了演化博弈的稳定状态及趋于该稳定状态的动态收敛过程。这里首先叙述基本的数学推演，为后文的策略分析奠定基础。

定义 3.1 设 $W(I, J)$ 表示在类型 J 的可能情况下类型 I 的适应度，$x_i +$ $(1-x)_j$ 表示类型 I 的个体占比 x、类型 J 的个体占比 $1-x$ 的可能情况，S 是演化稳定策略，如果 $\forall T \neq S$，不等式

$$W[S, \varepsilon T + (1-\varepsilon)S] > W[T, \varepsilon T + (1-\varepsilon)S] \tag{3.1}$$

关于所有充分小 $\varepsilon > 0$ 成立，即 $0 < \varepsilon < \bar{\varepsilon}$。

定义 3.2 设 $E(p, q)$ 表示一方选择策略 p，而对手选择策略 q 的时候所获得的收益，S 是演化稳定策略，当且仅当 $\forall T \neq S$：

均衡条件

$$E(S, S) \geqslant E(T, S); \tag{3.2}$$

稳定条件

$$E(S, T) > E(T, T) \quad \text{if} \quad E(S, S) = E(T, S)。 \tag{3.3}$$

结合上述定义进行分析，如占多数的一方倾向于演化稳定策略，占少数的一方则不会产生更大的影响。演化稳定策略明确了稳定状态后，复制者动态可见动态收敛过程，在无限情况下 n 个不同策略的频率制约选择。

定义 3.3 假设在一个混合的可能情况下存在 n 种不同类型的一方，不同类型一方所占的频率分别为 X_1，$\cdots$，X_n，可构成 $n \times n$ 的支付矩阵 $A = [a_{ij}]_{n \times n}$。类型 i 的期望支付为 $f_i = \sum_{j=1}^{n} x_j a_{ij}$，所有类型各方的平均支付为 $\phi = \sum_{i=1}^{n} x_i f_i$。

将支付与适应度对应，令 $\dot{X}_i$ 表示 X_i 随时间的变化，类型 i 的增长率 $\dot{X}_i/X_i$ 度量了进化结果，等于 i 的适应度 f_i 与平均适应度 ϕ 之差，即 $\dot{X}_i/X_i = f_i - \phi$。

由此，可推出复制动态方程：

$$\dot{X}_i = X_i(f_i - \phi) \quad (i = 1,\cdots,n)。 \tag{3.4}$$

设 $x = (x_1,\cdots,x_n)^{\mathrm{T}}$，将复制动态方程表示为矩阵形式：

$$\dot{X}_i = X_i\big[(Ax)_i - x^{\mathrm{T}}(Ax)\big] \quad (i = 1,\cdots,n)。 \tag{3.5}$$

3.2 研究假设和策略分析

3.2.1 研究假设

假设1：消费者有信任与不信任两种策略。假设消费者采取信任策略时产生购买商品的意愿，消费者没有产生信任时则不进行购买决策。

假设2：供应商有守信与失信两种策略。假设供应商选择失信策略时其产生的服务成本低于守信时的成本。

假设3：购物平台可以选择建立有保障的购物平台与建立无保障的购物平台。建立有保障的购物平台意味着对供应商采取严格监管的措施，当发现供应商存在失信行为时将对其进行惩罚。

假设4：消费者、供应商、平台三者均为有限理性主体。消费者采取信任的概率为 x，供应商守信的概率为 y，平台建立有保障的购物平台的概率为 z。x、y、z 均是时间 t 的函数，且具有不可逆性（$0 \leqslant x,\ y,\ z \leqslant 1$）。

相关参数符号的含义如表3.1所示。当消费者选择信任并进行购买时，v_1 表示供应商守信时消费者所获得的效用，v_2 表示供应商采取失信策略时消费者所获得的效用，显然有 $v_1 > v_2$。p 为消费者支付的对价，则消费者的收益为 $(v_1 - p)$ 或 $(v_2 - p)$。c_{11} 为供应商守信时的生产服务成本，c_{12} 为供应商失信的生产服务成本，显然有 $c_{11} > c_{12}$。F_1 为供应商失信被平台查获时向平台缴纳的惩罚金额，F_2 为供应商失信被平台查获时向消费者赔付的金额。对于平台而言，为建立有保障的购物平台而进行严格监管的成本为 c_2。R_1 表示供应商失信使消费者利益受损，平台没有进行严格监管而遭受的声誉损失。

表 3.1 参数及含义

符号	符号含义
v_1	供应商失信时，消费者购买商品所获效用
v_2	供应商守信时，消费者购买商品所获效用（$v_1 > v_2$）
p	消费者购买所支付的价格，供应商出售产品的收入
c_{11}	供应商守信时的成本
c_{12}	供应商失信时的成本（$c_{11} > c_{12}$）
c_2	平台监管时的成本
F_1	供应商失信，平台监管时供应商向平台缴纳的罚款
F_2	供应商失信，平台监管时供应商对消费者的赔偿
R_1	供应商失信，平台未严格监管时，平台遭受的声誉损失

3.2.2　博弈主体策略分析

本书研究的博弈主体为消费者、供应商、平台，三方均为有限理性。下面将根据表 3.2 分析各博弈主体的策略选择。消费者的策略集为（信任，不信任），供应商的策略集为（守信，失信），平台的策略集为（有保障，无保障）。

（1）由于信息不对称性的存在，消费者在线购物存在一定风险。消费者在决策时可能会选择信任平台及供应商进而进行购买，也有可能不信任平台及供应商进而不进行购买。当消费者选择信任并进行购买时，供应商与平台的行为组合可分为 4 种情况，分别为（守信，有保障）、（守信，无保障）、（失信，有保障）、（失信，无保障）。对于消费者而言，当出现第 4 种情况，即（失信，无保障）时，其收益最小，甚至为负。当消费者选择不信任进而不采取购买行为时，也将出现上述 4 种情况。但对于消费者而言，其收益均为 0，因为没有发生交易。

（2）对于供应商而言，由于其逐利性的特点，可能会采取失信策略以减少成本而获得更多利润，也有可能考虑失信的惩罚而选择守信策略。当供应商选择失信策略时，消费者与平台的行为组合可为 4 种情况，分别为（信任，有保障）、（信任，无保障）、（不信任，有保障）、（不信任，无保障）。其中（信任，无保障）情形下供应商将获利最多，即将获得更多收益而不用遭受罚款。当供应商选择守信策略时，也将出现上述 4 种情况。此时，供应商的收益仅仅取决于消费者选择：消费者选择不信任，供应商将无法出售产品，其收益为负；消费者选择信任并进行消费，则其收益为正。

（3）对于平台而言，可以选择建立有保障的购物平台，即对供应商行为进行严格监管，也可以选择建立无保障的购物平台。当平台建立无保障购物平台时，消费者与供应商的行为组合可分为 4 种情况，即（信任，守信）、（信任，失信）、（不信任，守信）、（不信任，失信）。当出现（信任，失信）情形时，平台将遭受声誉损失，为 R_1。当平台选择建立有保障的购物平台时，同样也将出现上述 4 种情况。当消费者选择信任并购买时，平台收益将取决于供应商的选择：供应商守信，则平台收益为负；供应商失信，则平台能够获得对供应商的惩罚金额。表 3.2 为消费者、供应商、平台三者在演化博弈中不同的策略组合及其收益。

表3.2　消费者、供应商、平台8种策略组合及其收益

策略组合	消费者	供应商	平台
（信任，守信，有保障）	$v_1 - p$	$p - c_{11}$	$- c_2$
（信任，守信，无保障）	$v_1 - p$	$p - c_{11}$	0
（信任，不守信，有保障）	$v_2 - p + F_1$	$p - c_{12} - F_1 - F_2$	$F_2 - c_2$
（信任，不守信，无保障）	$v_2 - p$	$p - c_{12}$	$- R_1$
（不信任，守信，有保障）	0	$- c_{11}$	$- c_2$
（不信任，守信，无保障）	0	$- c_{11}$	0
（不信任，不守信，有保障）	0	$- c_{12} - F_2$	$F_2 - c_2$
（不信任，不守信，无保障）	0	$- c_{12}$	0

3.3　动态演化模型构建

消费者采取"信任"策略时的期望收益为：
$$U_{11} = (v_1 - p)yz + (v_1 - p)y(1 - z) + (v_2 - p + F_1)(1 - y)z$$
$$+ (v_2 - p)(1 - y)(1 - z); \tag{3.6}$$
消费者采取"不信任"策略时的期望收益为：
$$U_{12} = 0。 \tag{3.7}$$
则消费者的期望收益为：
$$\overline{U}_1 = xU_{11} + (1 - x)U_{12} = x[(v_1 - p)y + (1 - y)(zF_1 + v_2 - p)]。 \tag{3.8}$$
由此可得消费者采取"信任"策略时的复制动态方程为：

$$F(x) = \frac{\mathrm{d}x}{\mathrm{d}t} = x(U_{11} - \overline{U}_1)$$

$$= x\{(v_1 - p)yz + (v_1 - p)y(1 - z) + (v_2 - p + F_1)(1 - y)z$$

$$+ (v_2 - p)(1 - y)(1 - z) - x[(v_1 - p)y + 1(1 - y)(zF_1 + v_2 - p)]\}$$

$$= x(1 - x)[(v_1 - p)y + (1 - y)(zF_1 + v_2 - p)]_\circ \quad (3.9)$$

对于供应商来说,采取"守信"策略时的期望收益为:

$$U_{21} = (p - c_{11})xz + (p - c_{11})x(1 - z) - c_{11}(1 - x)z - c_{11}(1 - x)(1 - z); \quad (3.10)$$

供应商采取"失信"策略的期望收益为:

$$U_{22} = (p - c_{12} - F_1 - F_2)xz + (p - c_{12})x(1 - z)$$

$$- (c_{11} + F_2)(1 - x)z - c_{12}(1 - x)(1 - z)_\circ \quad (3.11)$$

则供应商的期望收益为:

$$\overline{U}_2 = yU_{21} + (1 - y)U_{22}$$

$$= y[(p - c_{11})xz + (p - c_{11})x(1 - z) - c_{11}(1 - x)z - c_{11}(1 - x)(1 - z)]$$

$$+ [(p - c_{12} - F_1 - F_2)xz + (p - c_{12})x(1 - z)$$

$$- (c_{11} + F_2)(1 - x)z - c_{12}(1 - x)(1 - z)]_\circ \quad (3.12)$$

由此可得供应商采取"守信"策略时的复制动态方程为:

$$D(y) = \frac{\mathrm{d}y}{\mathrm{d}t} = y(U_{21} - \overline{U}_2) = y(1 - y)[(c_{12} - c_{11} + zF_2)(1 - x)$$

$$+ (F_1 + F_2)xz + c_{12} - c_{11}]_\circ \quad (3.13)$$

对于平台而言,当其选择建立有保障的购物平台策略时的期望收益为:

$$U_{31} = -c_2xy + (F_2 - c_2)x(1 - y) - c_2(1 - x)y + (F_2 - c_2)(1 - x)(1 - y); \quad (3.14)$$

平台选择建立无保障的购物平台时的期望收益为:

$$U_{32} = -R_1(1 - y)x_\circ \quad (3.15)$$

则平台的期望收益为:

$$\overline{U}_3 = zU_{31} + (1 - z)U_{32}$$

$$= z[-c_2xy + (F_2 - c_2)x(1 - y) - c_2(1 - x)y + (F_2 - c_2)$$

$$\cdot (1 - x)(1 - y)] + (1 - z)[-R_1(1 - y)x]_\circ \quad (3.16)$$

则平台建立有保障的购物平台时的复制动态方程为:

$$G(z) = \frac{\mathrm{d}z}{\mathrm{d}t} = z(U_{31} - \overline{U}_3) = z(1 - z)(U_{31} - U_{32})$$

$$= z(1 - z)[(F_2 - 2c_2)y + R_1(1 - y)x]_\circ \quad (3.17)$$

3.4 演化稳定性分析

根据演化博弈思想，复制动态方程为0的点是均衡点，如该均衡点处的导数值小于零，则该点为演化稳定策略点（ESS）。分别对消费者、供应商、平台的复制动态方程求偏导数，可以得到：

$$\frac{\partial F(x)}{\partial x} = (1-2x)M_1, \quad M_1 = (v_1-p)y + (1-y)(zF_1+v_2-p); \quad (3.18)$$

$$\frac{\partial D(y)}{\partial y} = (1-2y)M_2, \quad M_2 = (c_{12}-c_{11}+zF_2)(1-x)$$
$$+ (F_1+F_2)xz + c_{12}-c_{11}; \quad (3.19)$$

$$\frac{\partial G(z)}{\partial z} = (1-2z)M_3, \quad M_3 = (F_2-2c_2)y + R_1(1-y)x \quad (3.20)$$

对于消费者而言，当 $M_1=0$ 时，意味着所有水平都是稳定状态，消费者以任何概率采取"信任"策略收益都是一样的，因此也将维持现有策略，动态相位图如图3.1所示；当 $M_1>0$ 时，$x=1$ 为稳定状态，即"信任"是消费者的演化稳定策略，动态相位图如图3.2所示；当 $M_1<0$ 时，$x=0$ 为稳定状态，即"不信任"是消费者的演化稳定策略，原因可能是供应商失信的概率高、平台监管不够严格等，动态相位图如图3.3所示。

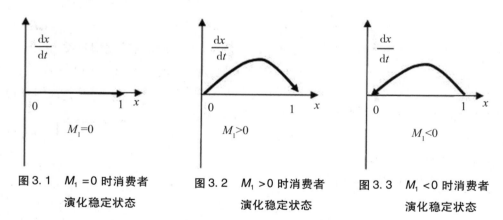

图3.1　$M_1=0$ 时消费者　　　图3.2　$M_1>0$ 时消费者　　　图3.3　$M_1<0$ 时消费者
演化稳定状态　　　　　　　　演化稳定状态　　　　　　　　演化稳定状态

对于供应商而言，当 $M_2=0$ 时，意味着所有水平都是稳定状态，供应商以任何概率采取"守信"策略收益都是一样的，因此也将维持现有策略，动态相位图如图3.4所示；当 $M_2>0$ 时，$y=1$ 为稳定状态，即"守信"是供应商的演化稳定策略，动态相位图如图3.5所示；当 $M_2<0$ 时，$y=0$ 为稳定状态，即"失

信"是供应商的演化稳定策略，动态相位图如图 3.6 所示。

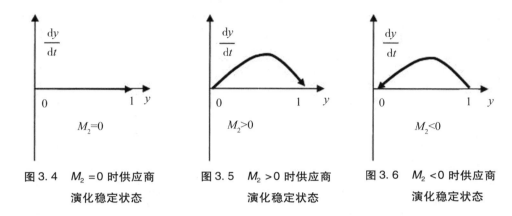

图 3.4　$M_2 = 0$ 时供应商　　　图 3.5　$M_2 > 0$ 时供应商　　　图 3.6　$M_2 < 0$ 时供应商
　　　演化稳定状态　　　　　　　　　演化稳定状态　　　　　　　　　演化稳定状态

对于平台而言，当 $M_3 = 0$ 时，意味着所有水平都是稳定状态，供应商以任何概率建立有保障购物平台其收益都是一样的，因此也将维持现有策略，动态相位图如图 3.7 所示；当 $M_3 > 0$ 时，$z = 1$ 为稳定状态，即建立有保障平台是平台的演化稳定策略，动态相位图如图 3.8 所示；当 $M_3 < 0$ 时，$z = 0$ 为稳定状态，即不建立有保障平台是平台的演化稳定策略，动态相位图如图 3.9 所示。

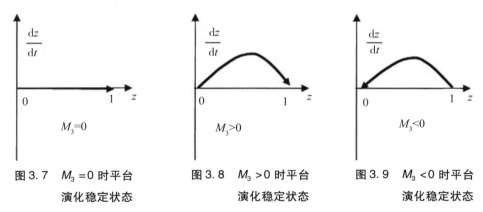

图 3.7　$M_3 = 0$ 时平台　　　　图 3.8　$M_3 > 0$ 时平台　　　　图 3.9　$M_3 < 0$ 时平台
　　　演化稳定状态　　　　　　　　演化稳定状态　　　　　　　　　演化稳定状态

3.5　模型仿真与分析

在三方动态博弈中，任何一方的策略变化都会引起其他博弈主体策略选择的变化。在前文对 3 个关联主体策略稳定性分析的基础上，本书将通过二维动态仿真来分析如何建立在线信任体系，以及如何提升消费者信任。仿真参数设置见表 3.3，时间设为 10，迭代的步长为 0.05。

表 3.3　仿真参数设置

图	v_1	v_2	p	c_{11}	c_{12}	c_2	R_1	F_1	F_2	x	y	z
图 3.10	10	5	7	4	2	1.6	1	1.5	2	0.5	0.5	0.5
图 3.11	10	5	7	4	2	1.6	1	1.5	2	0.9	0.5	0.5
图 3.12	10	5	7	4	2	1.6	1	1.5	2	0.5	0.5	0.5
图 3.13	10	5	7	4	2	1.6	1	1.5	2	0.5	0.9	0.5
图 3.14	10	5	7	4	2	1.6	1	1.5	2	0.5	0.5	0.5
图 3.15	10	5	7	4	2	1.6	1	1.5	2	0.5	0.5	0.9
图 3.16	10	5	7	4	2	1.6	1	1.5	2	0.5	0.5, 0.7, 0.9	0.5
图 3.17	10	5	7	4	2	1.6	1	1.5	2	0.5	0.5	0.5, 0.7, 0.9

　　图 3.10 与图 3.11 分别为消费者初始信任概率为 0.5 与 0.9 时，三方的演化稳定策略。消费者初始信任概率为 0.5 时，消费者、供应商、平台的演化稳定策略为（信任，失信，有保障），此时将难以建立在线信任，供应商采取失信策略可以获得更多的收益；消费者初始信任概率为 0.9 时，消费者、供应商、平台的演化稳定策略为（信任，守信，有保障），即有利于建立在线信任，是一种较为理想的演化结果。由此可见，消费者更高的信任概率有利于建立在线信任。

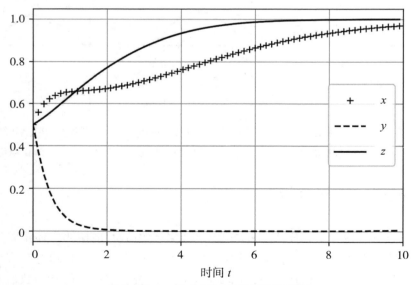

图 3.10　$x=0.5$ 时三方演化稳定策略

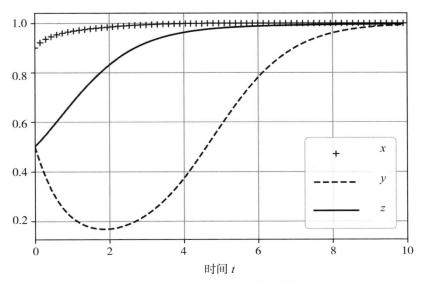

图 3.11 x=0.9 时三方演化稳定策略

图 3.12 与图 3.13 分别为供应商初始 "守信" 概率为 0.5 与 0.9 时，三方的演化稳定策略。供应商初始 "守信" 概率为 0.5 时，三方的演化稳定策略为（信任，失信，无保障），此时将难以建立在线信任；供应商初始 "守信" 概率为 0.9 时，三方的演化稳定策略为（信任，守信，有保障），将有利于建立在线信任。由此可见，供应商较高的守信概率将有利于建立在线信任。

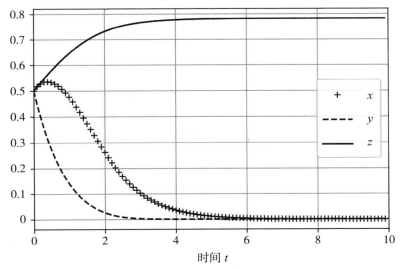

图 3.12 y=0.5 时三方演化稳定策略

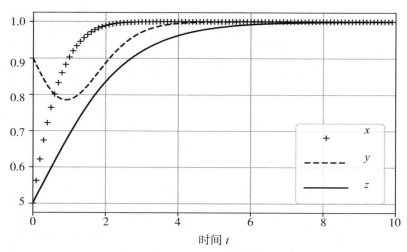

图 3.13 *y*=0.9 时三方演化稳定策略

图 3.14 与图 3.15 分别为平台采取不同初始概率建立有保障购物平台时，三方的演化稳定策略。平台以 0.5 的概率建立有保障购物平台时，三者的演化稳定策略为（信任，失信，有保障），此时将难以建立在线信任；平台以较高概率（*z* =0.9）建立有保障购物平台时，三者的演化稳定策略为（信任，守信，有保障），将有利于建立在线信任。由此可见，平台以较高的概率建立有保障的购物平台将有利于建立在线信任。

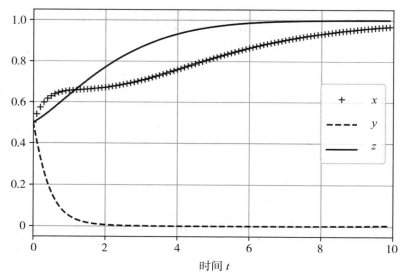

图 3.14 *z*=0.5 时三方演化稳定策略

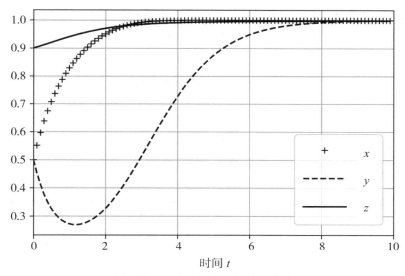

图 3.15　$z = 0.9$ 时三方演化稳定策略

　　图 3.16 为供应商选择不同初始"守信"概率对消费者选择"信任"概率的影响。当供应商选择较低的初始"守信"概率（$y = 0.5$）时，消费者最终将倾向于选择"不信任"的演化稳定策略，即 x 趋于 0；当供应商选择较高的初始"守信"概率（$y = 0.7$）时，消费者最终将倾向于选择"信任"的演化稳定策略，即 x 趋于 1；当供应商以 0.9 的初始概率选择"守信"时，消费者将以更快的速度收敛于"信任"的演化稳定策略。

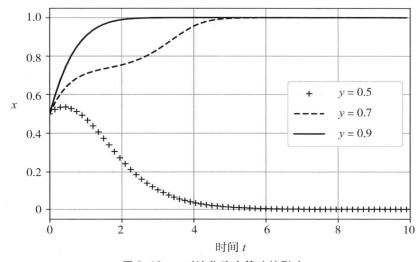

图 3.16　y 对演化稳定策略的影响

图 3.17 为平台选择以不同初始概率建立有保障的购物平台对消费者选择"信任"概率的影响。当平台以较低的初始概率（$z=0.5$）建立有保障购物平台时，x 将趋于 0，即在动态的演化博弈中，消费者最终将倾向于选择"不信任"的演化稳定策略；当平台以较高的初始概率（$z=0.7$）建立有保障购物平台时，x 将趋于 1，即在动态的演化博弈中，消费者最终将倾向于选择"信任"的演化稳定策略；当 z 的初始值增加至 0.9 时，消费者将以更快的速度收敛于"信任"的演化稳定策略。由此可见，在建立在线信任机制中，提升消费者信任概率的关键在于提升供应商的诚信度，并提升平台的保障性。

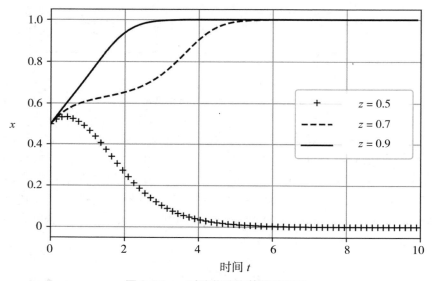

图 3.17 z 对演化稳定策略的影响

在电子商务企业的日常管理中，一方面要竭力提升供应商的诚信度。从三方动态博弈演化和建立信任的影响因素研究中，可发现提升供应商的诚信度十分重要和关键。在购物平台上，首先，供应商应展示相关资质，如公司介绍、主营产品、公司规模、厂房信息、销售情况等详细可信的资料；其次，供应商应提供清晰的产品实拍照片、细节图片和产品详细信息，如产品的颜色、质地、产地、特性、尺码，产品信息越详细，则供应商的可信度越高；同时，提供退换货的售后说明，可能的情况下提供退换货运费保险，即如发生退换货不用消费者承担费用。供应商不仅要注重品牌创新和可持续发展战略，更应该诚信交易，避免上黑名单，避免以次充好、虚报价格、恶意欺诈、投机取巧、非议同行，避免在资质上挂靠其他商家；同时，增强抵抗风险的能力，从而提升正常诚信经营的能力。

每个网络供应商面临的风险不尽一致，首先要了解和识别风险，进而测量风险，提出应对措施和解决方案。不诚信的商家既对电子商务市场经济造成严重破坏，加大网络购物的风险性，打压消费者的购买意愿，又将严重损害供应商的品牌和阻碍其长期发展。

另一方面，购物平台要提升自身的保障性，重视易操作性、购买流程顺畅和交易安全。首先，购物平台的安全性十分重要，必须确保交易的银行信息安全、交易资金的安全，更要关注在线消费者的隐私安全；其次，在购物平台能力的各项因子中，购物平台易操作性和购买流程顺畅的影响十分显著，所以购物平台应尽可能在 UI 和交互设计方面优化用户体验；提供功能细节列表，明确 App 或者 H5 页面的操作和功能；做好功能测试，抽象和提炼每个页面的逻辑和功能；对特定的页面和流程，从时间、地点、对象、行为和背景 5 个不同的方面进行反复的测试，即购物平台要研究在线消费者会在什么时间、什么地点、在什么背景或场景下，使用 App 中的什么功能，提炼消费者的日常消费习惯、运动轨迹、使用场景、消费偏好、消费能力等。

3.6 本章小结

本书采用演化博弈论的方法，研究购物平台上影响在线信任的三方，即在线消费者、购物平台、平台上的供应商动态博弈演化的全过程，并利用 Python 软件对模型进行仿真和分析，旨在对在线消费者的信任建立形成一个整体抽象的认识。研究发现，消费者更高的"信任"概率有利于建立在线信任，供应商较高的"守信"概率有利于建立在线信任，平台以较高的概率建立有保障的购物平台有利于建立在线信任。由此可见，在线消费者、购物平台、供应商这三方的行为对建立在线信任产生显著影响。

当供应商选择较低的初始"守信"概率（$y = 0.5$）时，消费者最终将倾向于选择"不信任"的演化稳定策略；当供应商选择较高的初始"守信"概率（$y = 0.7$）时，消费者最终将倾向于选择"信任"的演化稳定策略；当供应商以 0.9 的初始概率选择"守信"时，消费者将以更快的速度收敛于"信任"的演化稳定策略。同理分析，当平台以较低的初始概率建立有保障购物平台（$z = 0.5$）时，消费者最终将倾向于选择"不信任"的演化稳定策略；当平台以较高的初始概率建立有保障购物平台时，消费者将以更快的速度收敛于"信任"的演化稳定策略。综上所述，在建立在线信任机制中，提升消费者信任的关键在于提升供应商的诚信度，并提升平台的保障性。

通过上述模型和仿真分析，探索发现应用动态演化博弈模型是研究在线消费群体行为的一个行之有效的方法，并得到了一定的研究结论。然而，目前研究仅限于局部的范围，尚未形成系统的理论和方法，建立全面的购物平台信任演化博弈模型，面临个体博弈与群体协同、不确定因素等诸多研究限制和挑战。在演化过程中，不确定因素以随机变量出现，且经常被忽略，因为研究集中在重要变量的平均值上。在动态演化博弈模型中，随机因素是关键之一，消费者的群体行为演化过程是不断试错的过程。如果该博弈是一个更大博弈的一部分，通过前向归纳法来进行演化均衡，则小博弈的均衡策略可能依赖于大博弈。在线消费者根据所获得的信息来选择自己的行为策略，并做出最终的决策，每一次行为都会发生部分替代，在大多数情况下，用概率分布来描述这种不确定性是不现实的。这就使长期最优化策略很难被实现，演化过程的描述和演化均衡的计算是深入研究面临的困难。

第 4 章

建立在线信任的影响因素研究

在线信任的影响因素研究将帮助购物平台有针对性地优化网络经营环境，有利于建立在线消费者信任，减少沟通环节各项成本，在线信任影响因素功能的发挥直接影响着消费者的最终决策。Beldad 等（2010）研究了影响在线信任的因素，包括顾客、网站和组织特征3个角度；也有学者研究了信任倾向性、信息披露程度等。目前，有关购物平台环境下在线信任问题的研究成果相对有限，部分研究集中在网络技术和商业环境，且未能解决影响在线信任建立的根源问题，即共同价值观和第三方评估。在第三方评估的影响变量中，国外学者对第三方认证的作用是否显著存在分歧。同时，对于供应商地理位置或商品产地的影响程度，国内外研究存在争议。

本书第3章通过三方动态演化博弈，研究发现在线消费者、购物平台、供应商这三方的行为对建立在线信任会产生影响。本章以此为基础，以购物平台为研究背景，基于 McKnight 客户关系信任理论，将共同价值观和第三方评估作为影响信任倾向的因素；研究了制度信任，即消费者相信电子商务中的制度结构可以提升交易成功的概率，主要涉及结构保障中的设计易用性、信息保密及制度保障；同时，提出了供应商干预因素，将知名度、信息完整度、价格优势、供应商地理位置作为变量，构建了第三方评估、共同价值观、结构保障、在线信任、网站供应商的在线消费者行为意向假设模型。

4.1 McKnight 信任理论及相关因素分析

4.1.1 McKnight 信任理论

McKnight 等（2002）基于理性行为理论提出了电子商务 Web 信任模型，将个人信任倾向和基于制度的信任作为影响信任的前因，研究了上述两类因素和网站商家介入对在线信任的影响，并将信任分为信任信念与信任意愿。信任信念研究主体对客体的主观信任程度，信任意愿研究主体对客体的依赖情况；信任信念影响信任意愿，进而影响信任建立。同时分析网站供应商和信任倾向对信任相关行为的影响，包括购买、合作和信息分享。其中，研究了个人信任倾向中的人性和信任立场因素，基于制度的信任研究了网络结构保障和情景正常，以及网站商家的隐私政策、第三方认证、与客户的交互、知名度、与其他网站的链接、保障政策。

信任是一个重要的关系概念，不同学科的研究人员有不同的定义。信任模型将信任结构与购物平台消费者行为相关联，定义了概念级信任结构和操作级信任结构。概念级信任结构包括心理学研究的信任倾向、社会学研究的基于制度的信任、社会心理学研究的信任信念和信任意图。每个影响因素被分解为可测量的子因素，并且显示信任构造如何与已经存在的购物平台关系构造相关。

McKnight 提出信任倾向和制度保障显著影响初始信任的建立。其中，信任倾向是指消费者表现出意愿去信赖特定环境、个人或商家的倾向，本书将共同价值观和第三方评估作为影响信任倾向的因素；基于制度的信任是指消费者相信电子商务中的制度结构可以提升交易成功的概率，本书将其细分为结构保障中的设计易用性、信息保密及制度保障。同时，McKnight 提出的信任模型（图 4.1）涉及供应商干预因素，本书将知名度、信息完整度、价格优势、供应商地理位置作为变量。

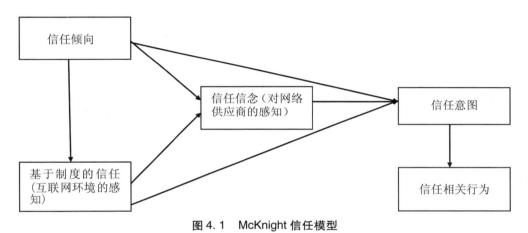

图 4.1 McKnight 信任模型

4.1.2 信任倾向对建立在线信任的影响

1. 信任倾向

信任倾向（dispositional trust），指个体表达的愿意信赖他人的程度和一般性倾向。McKnight 等（2002）对此进行了研究，与 Mayer 等（1995）研究的信任倾向（trust propensity）是一致的。不同的学者有不同的翻译，如个人信任、气质信任、信任倾向、信任倾向性等。在本研究中采用信任倾向这一说法，探讨了消费者、购物平台、供应商 3 个方面的影响因素。

Gefen 等（2003）认为在线信任对网络购物时形成购买决策起重要的促进作用。Gefen 和 Straub（2003）提出受到文化因素的影响，信任倾向在不同群体间具有明显的差异。Lee 和 Turban（2001）将信任作为在线消费者进行买卖的中介变量，认为信任包含 4 个主要因素：买方对在线卖方的信任度，可具体到执行能力、诚信经营、友善的态度等；买方对技术方面的实力、可靠性等消费环境的信任感；卖方是否获得第三方的认证等；个人信任倾向对信任的作用。McKnight 等（2002）研究指出，在交换关系中，一个重要的考虑因素是愿意进行交换的对象，而信任在决定跟谁交换中起决定性作用。Mukherjee 和 Nath（2007）提出促成在线交易的信任有 6 个方面要素，即商品本身、各类信息、买卖规则、过程执行、买卖过程和信息技术。

在购物平台上消费者信息相对匮乏的情况下，Salam 和 Iyer（2005）发现不同消费主体具有不同的信任倾向，这些差异对建立信任具有不同的影响。Kaur 和 Quareshi（2015）提出影响在线消费的主要原因为缺少产品完整信息、视觉设计无吸引力、缺乏安全感、缺失地域限制上的检测等。由于信任倾向来源于消费者的日常生活，因此信任倾向对建立在线信任有显著影响；

另外，Koufaris（2002）提出信任倾向会促进主体即消费者产生正面的信任态度，而不能直接影响在线信任。之后，Koufaris 和 Hampton-Sosa（2004）的实证研究发现，在信息不对称的情况下消费者较难产生初始信任，信任倾向性显著影响在线信任一说缺少充分的数据支撑。所以，信任倾向性与建立初始信任是否显著正相关，实证研究尚存分歧。

2. 第三方评估

国外学者研究了影响在线信任建立的前因，包括网站知名度、网页质量、第三方认证。Chang 等（2013）研究了不同信任机制的有效性和交互作用，包括第三方证明、信誉、回馈政策，上述三点对于建立信任具有明显正向作用，并交互影响信任的程度。Eastlick 和 Lotz（2006）注意到消费者除了关心自己的隐私是否受到保护外，也非常关心在线卖家是否有一贯的良好声誉，这两点都会影响到信任的建立甚至对购买意愿起着直接而且重要的作用。本书提出了包括第三方认证、担保机制、专家评论、消费者在线评论的第三方评估因素：

（1）第三方认证有利于建立在线信任，且具有权威性，第三方需为消费者所熟知且受消费者信任。基于在线信任传递理论，Doney 和 Cannon（1997）认为用户对购物平台的信任是可以被传递的。由于平台的虚拟性，消费者需要依靠权威的第三方机构来做出判断，由此第三方认证是购物平台的必要条件，具备成熟的认证机构如 TRUSTe、BBBOnline 等，消费者可凭借第三方机构的认证结果来建立初始信任。

（2）担保机制，特别是购物平台提供的安全、简单、便捷的第三方支付平台担保方式，对购物行为进行担保，有利于建立初始在线信任，在公正性、公开性和安全性等方面提供了信任的基础。如国外的 Paypal 和国内的支付宝，确保消费者收到商品或服务，确认无误后，再将费用转给平台上的供应商，不仅提供了安全可靠的支付保障系统，而且对交易双方的财务信息进行了保密，由此对消费者的信任和购买行为提供了担保。

（3）专家评论，是指信度较高的人群（也称为在线意见领袖）的口碑。研究发现专家评论的影响力与口碑传播及接收方参与在线消费的频率存在正相关关系。专家的良好声誉将增强消费者对评论的可信度和善意的信任信念。在线消费者通常认为，专家对供应商良好的评论更具有权威性和公正性。

（4）在线评论，是指消费者对产品、服务的反馈。历史销量越高和在线评论越高，直接说明已往消费者的信任度，传递给潜在或新的在线消费者的信任感知也会越强。已购买的评论会对他人决策产生影响，购物平台上的消费者通常会参考其他消费者的购买决策和在线评论，特别是周围人群如亲戚、朋友、同事的推荐，作为辅助决策的依据之一。同时，购物平台上的历史销量也会对消费者的决策产生影响。部分学者发现淘宝等平台的累计月销量或累计销量对消费者的购买意愿产生显著的正向影响。

3. 共同价值观

承诺信任理论由 Morgan 和 Hunt（1994）提出，认为买方对卖方的信任和承诺决定营销效果，信任由共同价值观、交流行为和机会主义决定。他们验证了承诺和信任之间的显著关系，得出信任是形成承诺的关键变量；指出信任和承诺是企业营销的关键，因为信任和承诺将有效促进交易双方长期地保持合作关系，为了长期收益而维系伙伴关系，并认为对方不会从事机会主义行为。他们认为共同价值观是指交易双方共同的信念。基于承诺信任理论，共同价值观决定信任，信任正向影响承诺，承诺是为了维持长久的关系。商业环境下交易双方重视信任，并做出承诺，以期获得长期合作购买决策。

Jones 和 George（1998）提出共同价值观（shared value）是最高层次信任即无条件信任的首要因素。Zhou 等（2014）研究了影响初始信任的两个主要因素，即论证质量和信息源可信度，同时发现文化变量（不确定性缺失、个人主义）对初始信任有直接作用。Huang 等（2014）以 eBay 在中国失败的案例，提出在儒家文化下如何建立在线信任，指出中西文化差异对信任的影响，特别研究了两个因素：过程灵活与感知控制。由此引发了本书对文化差异的关注，并在后文中将共同价值观作为一个主要影响因素进行研究。

综上，缺乏共同价值观则很难建立信任、维系承诺及保持长期的购买行为意向，这方面问题日益突出。信任倾向是消费者内在的、稳定的个人因素，第三方评估和共同价值观会对信任倾向产生影响，信任倾向有利于建立初始信任，与消费者的信任信念和信任意向正相关。同时，对于信任倾向不同的消费者，相同的行为会产生不同的后果。

4.1.3 结构保障对建立在线信任的影响

国外研究发现网站的布局、质量和提供的信息与在线信任正相关，影响在线消费者信任的因素有信息的数量、质量和即时性；部分学者研究了购物平台的可信任度，包括能力、完整、善意，电子商务环境的信任度，如是否可靠、技术能力等，以及是否有安全措施和是否进行了第三方认证。网站的安全性将影响个人信任倾向并作用于信任。另外，部分学者假定并论证了网站设置的制度性保障会影响在线消费者信任。其中，Liu 等（2005）发现隐私保护的程度对在线信任产生影响。

1. 设计易用性

设计易用性是消费者对使用购物平台时便利性的体验。在线消费者初次接触购物平台时，对平台本身的特征、商家提供的产品、技术保障的认知，都来自感知到的系统易用性。在实体店中，这些信息来源于一些直观的信息线索，如商家的物理位置、产品信息、价格、产地等；但在购物平台中，消费者和产品供应商无法直接接触和做进一步了解，只能利用平台系统实施沟通、购买、售后服务，所以易用性是建立初始信任的关键。

McKnight 等（2002）指出，相对于声誉和结构保障因素，系统质量和信息质量更能显著影响信任的建立。Bart 等（2005）以不同类型的网站为研究对象，大规模调查消费者的在线信任程度，研究发现使用方便有利于建立信任。Kim 等（2012）发现，对于初次购买的消费者，网络系统质量与建立在线信任正相关，即购物平台的设计易用性显著影响在线信任的建立。

购物平台如能以消费者为中心，有利于达成建立信任和产生购物决策。例如，消费者能通过导航和界面设计，快速了解平台和供应商的具体信息，将会增强消费者对供应商能力和诚实的信念；如果消费者得到清晰的下一步操作提示，使消费者感受到购物平台的友善和专业性。同样，接入性意味着消费者能获得购物平台和供应商的快速响应和相应合理的售后服务。

2. 信息保密

Ranganathan 和 Ganapathy（2002）发现网站中的信息内容、设计、安全性和私密性是影响消费者在线行为意向的 4 个关键变量，网站的安全性和私密性能够显著提升消费者的在线信任，进而产生购买意愿。

Eastlick 和 Lotz（2006）注意到消费者除了关心自己的隐私是否受到保护外，

会影响到信任的建立，甚至对购买意愿起着直接而且重要的作用。

周小兵（2015）认为顾客信任是使在线品牌效应能够迅速建立的重要原因，它和是否保护了消费者私密信息、好评率的高低、交易环境的可信性、购物体验、信息查阅等因素都有着直接的关系。

隐私保障说明购物平台会严格遵守隐私保护协议，而且网络买卖过程中消费者的权益将得到保护。保护在线消费者的个人信息安全，从而避免个人隐私、购买行为、私人财产受到侵害，是购物平台需要考虑的重要问题之一。网站的安全性将影响个人信任倾向并作用于购买意愿。

3. 制度保障

在线消费者通过获得相关信息来判断购物平台和供应商的可靠性，从而建立初始信任。如果购物平台能为在线消费者提供安全充分的技术支持、交易指导、制度支持，消费者将很快建立初始信任，并对在线交易方式持较高的信任。技术支持是指购物平台所采用的技术符合安全需要，软硬件设施高效运转，方便消费者快速、准确地找到产品，并顺畅交易。第三方保障和制度支持则指独立于在线消费者、购物平台、供应商的机构或组织所做出的担保，包括支付和交易担保，为消费者提供安心的服务。

Kimery 和 McCord（2002）研究了隐私保障、过程保障和技术保障。严中华等（2004）研究制度信任中第三方制度、交易双方的制度信任、结构保障等因素。Roghanizad 和 Neufeld（2015）提出消费者信任决策模型假设使用慎重的审议进程，直觉在有风险购买决策中起重要作用，风险不对称影响了审议和直觉决策过程，并对网站设计作为新的启示因素进行了讨论。正因为风险的不对称，购物平台的制度保障可为消费者建立信任提供初始的保障和承诺。

4.1.4 网站供应商对建立在线信任的影响

1. 知名度

对购物平台上的供应商研究，包括供应商的知名度、销售额、口碑评价、服务水平、销售策略等。消费者除了关心自己的隐私是否受到保护外，也非常关心在线卖家是否有一贯的良好声誉，这两点都会影响到信任的建立，甚至对购买意愿起着直接而且重要的作用。Wilkinson 等（2013）提出服务水平对双渠道购买行为会产生影响，如供应商有实体渠道并具备知名度，如国美电器、苏宁电器，在它们尚未建立自有购物平台前，在淘宝购物平台上它们的知名度远高于其他个体电器供应商，相对而言更有利于建立信任。

2. 信息完整度

信息完整度可以从准确、时效、全面 3 个方面进行考量。Mukherjee 和 Nath

（2007）提出促成线交易的信任有6个方面要素，其中就包括各类信息。Sillence 等（2007）指出购物平台提供的信息越深入和越清晰，消费者越容易信任该购物平台。Kaur 和 Quareshi（2015）提出影响在线消费的主要原因为缺少产品完整信息、视觉设计无吸引力、缺乏安全感、缺失地域限制上的检测等。周小兵（2015）认为顾客信任是使在线品牌效应能够迅速建立的重要原因，它和是否保护了消费者私密信息、好评率的高低、交易环境的可信性、购物体验、信息查阅等因素都有着直接的关系。

3. 价格优势

在购物平台上，因为系统可直观显示不同供应商的价格，相比于传统的实体店购物，消费者更易于对比价格。在线消费者会利用之前的产品价格对意向产品的价格进行比对，因此研究者开始关注是否具有价格优势对消费者信任的影响程度。

Chandrashekaran（2004）提出在线消费者的参照价格并不是在购买决策前已经产生，而是受到其中某一个参照点的影响。Moon 等（2008）分析在线商品价格存在三种不同情况，论证了大部分消费者购买前会以某种价格作为自己的参照标准，对比记忆价格的消费者对价格更为敏感。Baucells 等（2011）研究了在线消费者如何形成价格参照点，指出在线消费者对之前价格和目前价格最敏感。任杰（2015）研究了在网络市场中产品的价格对于在线消费者的感知收益有显著的正向影响，不同的价格与消费行为相关。

4. 供应商地理位置

冯炜（2010）指出基本信任倾向、对卖方级别判定、网购产品送递时间、交易的安全、线上价格与线下价格之比、线上产品质量与线下的比值、买方的学习经历情况、网龄的长短、在线消费历史等因素对消费者在线购买产品的信任有着比较明显的影响。供应商的地理位置则决定了网购产品的送递时间。黄鹤婷和赵冬梅（2013）分析探讨了在线消费者与网络商家之间的心理距离，将其视为由时间距离、空间距离与社会距离构成，并分析各个因素对消费者决策的影响。空间距离如供应商与消费者的实际距离会影响送货时间，对在线消费者的购物体验产生影响。如京东半日达等服务则有助于消费者产生良好的购物体验。

4.1.5　在线信任对行为意向的影响

行为意向指消费者产生某种特定行为的主观概率，即购买意愿，指消费者采取特定购买行为的概率高低。Dodds 等（1991）等提出行为意向是消费者购买某种产品的主观概率。也有学者提出购买意愿是衡量在线消费者购买某种产品或服务的可能性。购买意愿可视为消费者在购物平台上选择供应商和产品的主观倾向，并被证实可作为预测消费行为的重要指标，可以对在线消费行为进行预测和判断。

Dirks 和 Ferrin（2001）提出在线信任促进合作、开放性交流和承诺，进而促进消费者产生行为意向。Kamins 和 Marks（1991）发现，在在线消费者熟悉或喜爱品牌的情况下，其购买意愿相对较为积极。Moorman 等（1992）认为信任是对合作对象的认知和态度。Smith 和 Barday（1997）分析信任是单方面的倾向性，且面临不可预测的风险，信任主体要认识风险。正因为上述不可知的风险，Hoffman 等（1999）提出信任主体不能控制非自身风险时，信任和行为意向存在必然的联系。

Doney 和 Cannon（1997）的研究表明信任可以影响消费对象，并影响未来的预期；Koufaris 和 Hampton-Sosa（2004）、Gefen 和 Straub（2003）都发现对供应商的信任有效提高在线消费者的消费意愿，验证了信任是影响决策的关键因素。Komiak 等（2005）建立了以信任为中介机制的理论模型，提出在线消费者的推荐来源特征能够影响其信任，从而影响消费者意向和购物决策。

4.2 建立在线信任模型和提出相关假设

综合相关文献及基于 McKnight 在线信任模型，本书提出如下假设：

H_1：共同价值观与在线信任正相关。

H_2：第三方评估与在线信任正相关。

H_3：第三方认证对在线信任具有显著正向影响。

H_4：结构保障因素正向影响在线信任。

H_5：网站供应商因素对在线信任具有显著的正向影响。

H_6：供应商的地理位置对在线信任具有显著的正向影响。

H_7：在线信任对行为意向具有显著的正向影响。

McKnight 等（2002）提出了客户关系信任模型，将个人信任倾向和基于制度的信任作为影响信任的前因。其中，信任倾向是指消费者表现出意愿去信赖特定环境、个人或商家的倾向，本书将共同价值观和第三方评估作为影响信任倾向的因素；基于制度的信任是指消费者相信电子商务中的制度结构可以提升交易成功的概率，本书主要涉及结构保障中的设计易用性、信息保密及制度保障。同时，McKnight 等提出的信任模型涉及供应商干预因素，本书将知名度、信息完整度、价格优势、供应商地理位置作为变量。结合前人研究成果，本书提出了基于购物平台环境的在线信任及行为意向模型（图4.2）。

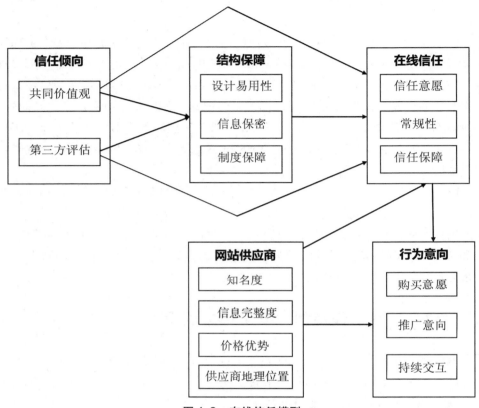

图4.2　在线信任模型

相关研究主要包括3个部分：第一部分是 McKnight 客户关系信任理论的方法研究，从建立初始信任的众多因素中抽取出影响因素及其关系，进行辅助的定性研究；第二部分是基于文献研究、理论研究所提供的理论支持，对模型中的变量进行定义和分析；第三部分依据已有研究并结合本研究中变量提出研究假设，构建购物平台在线信任影响因素的理论模型。

消费者的信任倾向是建立在线信任的影响因素。第三方评估和共同价值观对最终购买决策在内的行为意向也具有影响。购物平台的结构保障和供应商的因素，对建立消费者初始信任产生影响，同时在线信任对消费者的行为意向具有一定影响。基于 McKnight 客户关系信任理论，本书以购物平台为研究背景，构建了第三方评估、共同价值观、结构保障、在线信任、网站供应商的在线消费者信任模型。

4.3　建立在线信任的模型变量与数据收集

　　基于 McKnight 信任理论，前面研究构建了第三方评估、共同价值观、结构保障、在线信任、网站供应商的在线消费者信任模型。随后将以购物平台淘宝网为调研主体，在正式调研中通过问卷星、微信等网络调研方式在全国范围内发出调查问卷，最终收集有效问卷 551 份，有效回收率 73%，调研对象主要为 18～49 岁有网络购物平台经验的消费者。本研究着重研究第三方评估和共同价值观对建立在线消费者行为意向的影响程度和作用机制，希望解决的问题包括：购物平台环境下影响购买行为意向的因素有哪些？共同价值观、第三方评估是否与在线信任正相关，哪个因素的影响更为显著？在第三方评估中，第三方认证的影响是否最为显著？供应商因素中，产地的影响是否显著？等等。其中，对共同价值观、第三方认证、供应商产地的研究在目前国内研究中并不多见。

4.3.1　建立在线信任的模型变量

　　本研究采用专家访谈和调查问卷相结合的方法，内容涉及共同价值观、第三方评估、结构保障、在线信任、网站供应商和行为意向。问卷采用李克特 7 级量表，首先进行理论分析，提取关键变量，尽量采用国外现有量表，再根据研究目的加以修正作为实证工具。然后通过专家访谈对量表进行预测试，并进一步修改完善。在预调研中，对收集回来的数据使用 SPSS 23 软件进行探索性因子分析，删除部分题目，形成了最终的测量量表。

1. 网络信任的测量方法概述

　　文献研究发现国内外学者主要采用问卷调查法、实验法和量表法对在线信任进行测量和研究。问卷调查法是制作有具体调查目标的调查问卷，通过收集对有关问题的建议来取得数据和反馈。实验法是通过实验室实验法和自然实验法进行研究。量表法则运用量表对象进行测量研究，提前规定目的和标准，对照答案进行分数计算。就研究在线信任影响因素的典型测量方法，进行以下举例和归纳（表 4.1）。

表4.1　在线信任的测量方法

测量方法	具体内容	学者代表
问卷调查法	较常采用的问卷调查法的主要内容为：就网站具有的共同特征编制题目，让消费者根据自己所熟悉的网站对每个题目进行评分，进一步明确对建立信任的影响因素、信任程度、满意度、购买决策等	Gefen（2003）、Jarvenpaa 等（1999）、Kimery 等（2002）、McKnight 等（2002）、Yoon（2002）、Bart（2005）、Casalo 等（2007）、Midha（2012）、Huang 等（2014）、Dubelaar 和 Yeo（2015）
实验法	较常采用的是网络信任实验法，请消费者在指定网站购买某个商品，通常购买的是数码产品还是常用商品，如手机还是服装等	Kim 等（2003）、Marsh 等（2004）、Gefen（2004）、Chen（2007）、Cyr 等（2007）、任杰（2015）
量表法	采用的量表通常是在前人研究基础上进行修改，参照的信任量表主要有：Rotter 等提出的人际信任量表、George 等提出的特定人际信任量表以及 Rampel 等提出的信任量表	Kim 等（2012）、Merrilees 和 Fry（2003）、Ridings 等（2002）

2. 调查问卷的设计思路

基于上一章提出的研究假设，定义在线信任模型中涉及的各个变量，进而设计出各变量的可操作性问题，通过调查问卷获取足够的样本数据，阐述调查问卷的设计思想和各项变量的测量方法。调查问卷科学与否，是否具有严密性，对于实证研究的结果及其正确性起着关键作用。本书在问卷的设计过程中遵循以下原则，以尽可能地降低调查问卷的偏差：

（1）界定研究目的。界定研究目为研究建立初始在线信任的影响因素，研究范围界定为购物平台。只有界定了调查问卷的目的，才能有效判断问卷应该询问哪些问题。设置问卷题项时要从实际出发，简明扼要，明确突出问题的重点。

（2）指标科学。确定需要搜集哪些信息以后，分析能够反映这些信息的指标。指标一般是指那些可以测量的因素，应尽可能从以往的在线信任影响因素文献和模型中提炼。

（3）逻辑性原则。调查问卷中问题的排列需遵照一定的逻辑顺序，先简单后逐渐加深难度，先问明确的问题后问抽象的问题。

（4）通俗易懂原则。减少调查问卷中专业术语的出现频率，尽可能用简单的语句表达清楚主要意思，帮助调查者正确理解问题并能轻松回答。

（5）利于处理原则。完成调查问卷后，能够快捷地对所采集的信息资料进行统计检验，容易进行整理和分析。

3. 研究对象的选择

对于购物平台在线信任影响因素的研究，鉴于淘宝作为国内规模较大的运营良好的购物平台，选择了淘宝作为研究对象，调查问卷的填写由不同职业、不同年龄段、不同收入的对象随机组成，便于对消费者自身因素的研究，并获取更广泛更客观的数据支持。

4.3.2　调查问卷数据收集

调查问卷主要包括6个方面：一是在线消费者或潜在消费者的基本情况，二是消费者的信任倾向，三是购物平台淘宝网的结构保障，四是淘宝网上的供应商，五是在线信任，六是消费者的行为意向。

2020 年，在正式调研过程中，通过问卷星、微信等网络调研方式在全国范围内发放调查问卷，最终收集有效问卷551份，有效回收率73%。调研对象主要为18～49岁有网络购物平台经验的消费者，受教育程度本科及以上占61.4%，购物时间2～8年占84.6%，地域华北和西南占60%。

使用 SPSS 23 软件对样本进行描述性统计分析，包括最大值、平均值、标准差、偏度和峰度，其中偏度绝对值小于3，峰度绝对值小于5，数据呈正态分布。

调查问卷的维度、因子等描述性统计如表4.2所示。

表4.2　描述性统计

维　　度		因　　子	偏度	峰度
共同价值观（SV）	SV_1	买卖双方都应遵循以下价值观：相互信赖，遵守承诺	−1.854	3.390
	SV_2	对于买家的基本信息，淘宝网应予以严格保密，不得对外销售或未经同意擅自发送促销信息	−1.588	2.525
	SV_3	出现问题后，双方共同协调，及时解决处理	−2.207	4.199
	SV_4	对于低价销售的残次品或处理品，淘宝网及供应商应清晰地标注出来，并说明其降价原因	−1.677	2.811

续表

维　度		因　子	偏度	峰度
第三方评估 （ME）	ME₁	我在选择购物平台时，会查看其是否具有第三方认证标志，如权威授权、安全等级认定等	−1.234	0.966
	ME₂	有初步购买意愿后，我会主动浏览网友留言及评价，并根据在线评论决定是否购买	−2.079	4.220
	ME₃	网络上专家的评论会影响我对淘宝网及供应商的信任程度	−1.002	1.005
	ME₄	我会选择有担保机制的网站进行购物，或者有担保的商品进行采购	−1.420	1.815
结构保障 （EU）	EU₁	淘宝网的设计是否方便浏览、挑选和购买，对我有影响	−0.989	0.419
	EU₂	我很看重淘宝网对个人信息的保护、交易情况的保密等	−1.618	1.864
	EU₃	淘宝网的规章制度等能保障交易双方的权利、义务，并降低风险	−1.316	1.176
网站供应商 （SP）	SP₁	在搜寻商品时，我会注意商品的生产方或供货商信息，它的知名度将影响我对其的信任程度	−1.541	2.592
	SP₂	网上产品的信息内容、完整度、展现形式将影响对其的信任度	−1.663	4.307
	SP₃	我非常看重网上产品的价格，即比传统购买的价格要低，性价比更高	−1.412	1.655
	SP₄	供应商及产品的所在地将影响我对其的信任	−0.636	−0.477
在线信任 （OT）	OT₁	我倾向于信任淘宝网	−0.343	−0.166
	OT₂	目前为止，在我的购买经历中，淘宝网一直诚信交易	−0.486	−0.249
	OT₃	我相信淘宝网有能力，并有意愿长期提供可靠服务	−0.902	0.108
行为意向 （BI）	BI₁	我愿意从淘宝上进行消费	−2.133	3.902
	BI₂	我愿意和亲友交流在淘宝购物的体验	−1.519	1.590
	BI₃	未来一段时间，我愿意继续在淘宝上进行交易	−1.630	2.679

4.4 调查问卷的信效度分析

4.4.1 信度检验

为确保模型拟合度评价和假设检验的有效性，对问卷进行信度分析。信度是指各项指标的可靠性，采用相同的方法对相同对象重复测量时所得结果的一致性程度。通常用 α 系数（即 Cronbach α 系数）来衡量问卷信度的大小，α 系数越大，问卷信度越高，即问卷的可信性和稳定性越高。从表 4.3 中可以看出，共同价值观的信度为 0.832，第三方评估的信度为 0.83，结构保障的信度为 0.842，网站供应商的信度为 0.844，在线信任的信度为 0.857，行为意向的信度为 0.787。DeVellis（1991）研究认为，信度为 0.80～0.90 表示非常好，信度为 0.70～0.80 表示相当好。本问卷收集数据的 α 系数最小值为 0.787，因此具有较高的可信度。

表 4.3 可靠性统计和项总计统计

维　度	因子	校正的项总计相关性	项已删除的 α 系数	α 系数
共同价值观（SV）	SV_1	0.712	0.765	0.832
	SV_2	0.663	0.786	
	SV_3	0.619	0.806	
	SV_4	0.651	0.793	
第三方评估（ME）	ME_1	0.681	0.777	0.83
	ME_2	0.618	0.803	
	ME_3	0.680	0.775	
	ME_4	0.665	0.786	
结构保障（EU）	EU_1	0.719	0.769	0.842
	EU_2	0.711	0.780	
	EU_3	0.698	0.792	
网站供应商（SP）	SP_1	0.677	0.803	0.844
	SP_2	0.643	0.827	
	SP_3	0.732	0.779	
	SP_4	0.725	0.793	

续表

维　度	因子	校正的项总计相关性	项已删除的 α 系数	α 系数
在线信任（OT）	OT_1	0.736	0.795	0.857
	OT_2	0.754	0.776	
	OT_3	0.702	0.826	
行为意向（BI）	BI_1	0.628	0.710	0.787
	BI_2	0.670	0.662	
	BI_3	0.586	0.753	

4.4.2　效度分析

效度分析说明测量的正确性或测量的有效程度，主要用于评价准确度、有效性、正确性，主要包括内容效度和收敛效度。内容效度指量表是否涵盖所有测量内容和引起预期反应所达到的程度，收敛效度是指测量相同特质的题项或测验会在同一因素构面上。

1. 总体效度分析

首先进行 KMO 和 Bartlett 检验（结果如表 4.4 所示）。KMO 检验可判断变量间的相关性，通过比较各变量间的简单相关系数和偏相关系数，当相关性较强时，简单相关系数远大于偏相关系数，此时 KMO 的值接近 1。本研究计算得出 KMO 值为 0.835，说明适合做因子分析。Bartlett 球形检验主要用于检验各变量间的独立关系，判断各变量间的相关矩阵是否为单位矩阵。本研究在近似卡方为 5025.128、自由度为 210 时已达到显著水平，所以可以拒绝零假设，说明所收集的数据可以进行主成分分析。

表 4.4　KMO 和 Bartlett 的检验值

KMO 度量		0.835
Bartlett 的球形检验	近似卡方	5025.128
	自由度	210
	显著度	0.000

2. 因子分析共同度

采用 Kaiser 标准化的正交旋转法计算出各旋转因子成分载荷，每个因子有比较明确的含义，归类符合理论预期，同时交叉负载程度低，每个变量的因子载荷均大于0.7（表4.5），说明量表具有较好的收敛效度。陡坡检验结果如图4.3，表明提取到的因子与实际是一致的，符合理论模型的设定。

表4.5　旋转因子成分载荷矩阵

因子	成　分					
	1	2	3	4	5	6
EU_1				0.850		
EU_2				0.849		
EU_3				0.826		
SP_1	0.800					
SP_2	0.773					
SP_3	0.843					
SP_4	0.822					
ME_1			0.819			
ME_2			0.769			
ME_3			0.822			
ME_4			0.818			
SV_1		0.826				
SV_2		0.800				
SV_3		0.786				
SV_4		0.785				
OT_1					0.819	
OT_2					0.830	
OT_3					0.788	
BI_1						0.823
BI_2						0.849
BI_3						0.776

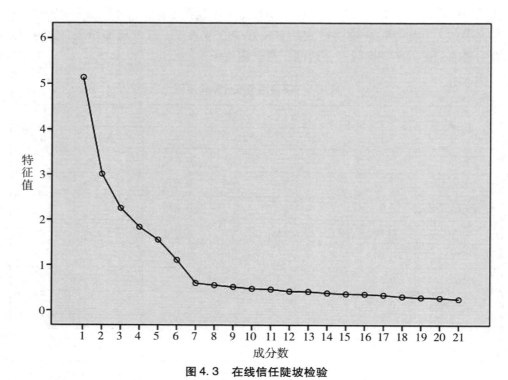

图4.3 在线信任陡坡检验

4.5 基于淘宝网建立信任的影响因素实证研究

4.5.1 建立在线信任的模型假设检验

为验证假设模型与调研数据的契合程度，本书采用结构方程模型方法（又称为协方差结构分析）。本书综合了路径分析、方差分析和多元回归分析等方法，通过改进验证性因子，来处理在线信任及行为意向模型中各变量的关系，修正了共同价值观、第三方评估和结构保障之间的路径关系，以及网站供应商和行为意向的路径关系，得到了修正后的标准化路径系数图，并验证了该模型整体的拟合程度较好。

1. 验证性因子分析

验证性因子分析主要是为了探索调查问卷量表的因素结构模型与收集到的数据之间的拟合程度，以及是否有效将指标变量作为潜在变量的测序。通常使用 χ^2/df、RMR、$RMSR$、GFI、$AGFI$、NFI、IFI、CFI、$RMSEA$ 来衡量因素结构模型的拟合情况。计算结果如表 4.6 所示，其中卡方值为 1.456，满足小于 3 的标准；残差均方和平方根 RMR 接近 0.05；RMSR 为 0.043，满足小于 0.05 的标准；均拟合度指标 GFI、规范拟合指标 NFI、比较拟合指标 CFI 等均大于 0.9，渐进残差均方和平方根 RMSEA 为 0.029，符合要求。比较分析指标和参考值，可见结构方程模型整体拟合度较好。

表 4.6　模型的拟合指标

统计检验量	适配的标准或临界值	检验结果数据	模型适配判断
χ^2/df	<3.00	1.456	是
RMR	<0.05	0.074	接近 0.05
RMSR	<0.05	0.043	是
GFI	>0.90	0.956	是
AGFI	>0.90	0.944	是
NFI	>0.90	0.948	是
IFI	>0.90	0.983	是
CFI	>0.90	0.983	是
RMSEA	<0.08	0.029	是

2. 标准化路径系数

整体的模型通过路径分析来完成，通过对变量构成的因果模型进行分析，考察因果关系的强度和可靠度。基于在线信任及行为意向模型，将调查问卷回收的数据导入模型中，运用 AMOS 22 结构方程软件进行计算后，得到标准化路径图，以及各变量间路径系数分析表。研究发现，第三方评估对结构保障的 p 值为 0.274，共同价值观对结构保障的 p 值为 0.18，说明双方无显著影响关系；网站供应商因素对行为意向的 p 值为 0.445，表明双方无显著影响关系。因此，拒绝上述假设。其他因素之间的 p 值均小于 0.001，这说明它们之间的相关性通过假设检验。经过系统的分析和比较，模型修正后的标准化路径系数见图 4.4，标准化路径系数见表 4.7。

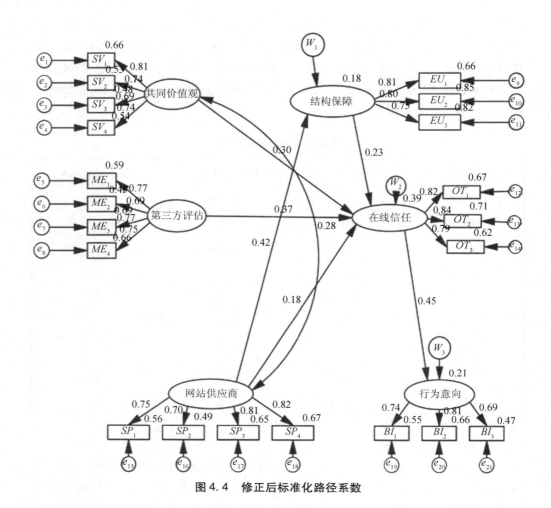

图 4.4　修正后标准化路径系数

表 4.7　修正后标准化路径系数

路径关系			Standardized Estimate	Estimate	S. E.	C. R.	p
结构保障	←	网站供应商	0.419	0.359	0.043	8.372	***
在线信任	←	结构保障	0.23	0.247	0.053	4.649	***
在线信任	←	共同价值观	0.304	0.379	0.058	6.476	***
在线信任	←	网站供应商	0.175	0.161	0.045	3.546	***
在线信任	←	第三方评估	0.367	0.506	0.064	7.9	***

续表

路径关系			Standardized Estimate	Estimate	S. E.	C. R.	p
行为意向	←	在线信任	0.454	0.308	0.038	8.221	***
SV_4	←	共同价值观	0.736	1			
SV_3	←	共同价值观	0.69	0.846	0.058	14.592	***
SV_2	←	共同价值观	0.741	0.992	0.063	15.748	***
SV_1	←	共同价值观	0.811	1.028	0.061	16.934	***
ME_4	←	第三方评估	0.747	1			
ME_3	←	第三方评估	0.772	1.181	0.072	16.512	***
ME_2	←	第三方评估	0.69	1.035	0.07	14.811	***
ME_1	←	第三方评估	0.77	1.297	0.08	16.258	***
EU_1	←	结构保障	0.815	1			
EU_2	←	结构保障	0.802	1.043	0.057	18.276	***
EU_3	←	结构保障	0.789	0.903	0.05	17.96	***
SP_4	←	网站供应商	0.809	1			
SP_3	←	网站供应商	0.818	0.824	0.043	19.098	***
SP_2	←	网站供应商	0.696	0.532	0.032	16.685	***
SP_1	←	网站供应商	0.748	0.732	0.042	17.266	***
BI_3	←	行为意向	0.684	1			
BI_2	←	行为意向	0.808	1.293	0.092	14.014	***
BI_1	←	行为意向	0.737	1.06	0.077	13.691	***
OT_1	←	在线信任	0.816	1			
OT_2	←	在线信任	0.84	1.09	0.051	21.188	***
OT_3	←	在线信任	0.782	1.033	0.054	19.287	***

注：*** 表示 $p < 0.001$。

当各因素之间的 p 值小于 0.001，说明它们之间具有显著相关性，标准化系数均为正，通过假设检验。从下面的标准化路径系数可知，网站供应商对结构保障有显著的影响；共同价值观与在线信任正相关，假设 1 得到数据的有效验证；第三方评估显著影响在线信任，假设 2 得到数据的有效验证；结构保障正向影响在线信任，假设 4 得到数据的有效验证；网站供应商与在线信任正相关，假设 5

得到数据的有效验证；在线信任对行为意向存在显著影响，假设 7 得到数据的有效验证。

其中，在共同价值观的研究中，SV_1 系数为 0.811，最为显著，论证了双方遵守相互信赖、遵守承诺的价值观影响最为显著；其次是 SV_2，系数为 0.741，研究内容为对买家基本信息的保密态度，淘宝网应予以严格保密买家信息，不得对外销售相关信息，或未经同意擅自发送促销信息。

在第三方评估各变量中，ME_3 系数为 0.772，最为显著，说明专家评论对在线信任存在显著的正向影响；其次是 ME_1（第三方认证标志），系数为 0.77，假设 3 得到数据的有效验证；再次是 ME_4（担保机制）和 ME_2（网友评论），系数分别为 0.747、0.69。

在结构保障中，EU_1 系数为 0.815，说明购物平台网页设计影响因素最显著，其次是 EU_2（交易情况保密），系数为 0.802；最后是 EU_3（购物平台的各项规章制度），系数为 0.789。

在供应商及产品因素中，研究发现 SP_3（价格）系数为 0.818，仍然为最显著因素，这与其他学者研究结果相互印证；其次是 SP_4（产地因素），假设 6 供应商的地理位置对在线信任具有显著正向影响得到了数据的有效验证；最后是 SP_1（供应商的知名度）和 SP_2（供应商及产品的信息完整度），系数分别为 0.748、0.696。综上所述，所有假设都得到了数据的有效验证。

研究发现：在总效应中，第三方评估和共同价值观与结构保障没有显著的关系，反而网站供应商对结构保障具有显著的影响；对在线信任的影响因素中，第三方评估系数为 0.367，显著性最高；其次是共同价值观，系数为 0.304；之后是网站供应商和结构保障，系数分别为 0.272、0.23。在对行为意向的影响因素中，在线信任系数为 0.454，显著性最高（表 4.8）。

表 4.8　标准化直接效应、间接效应、总效应

类别		网站供应商	第三方评估	共同价值观	结构保障	在线信任
直接效应	结构保障	0.359	0	0	0	0
	在线信任	0.161	0.506	0.379	0.247	0
	行为意向	0	0	0	0	0.308
间接效应	结构保障	0	0	0	0	0
	在线信任	0.089	0	0	0	0
	行为意向	0.077	0.156	0.117	0.076	0

续表

类别		网站供应商	第三方评估	共同价值观	结构保障	在线信任
总效应	结构保障	0.419	0	0	0	0
	在线信任	0.272	0.367	0.304	0.23	0
	行为意向	0.123	0.167	0.138	0.104	0.454

4.5.2　在线信任建立的结构方程

根据本书的研究模型，可以得出结构方程模型的结构方程和测量方程。结构方程为：

$$\begin{cases} \eta_1 = \gamma_1\xi_1 + w_1 \\ \eta_2 = \gamma_{21}\xi_1 + \gamma_{22}\xi_2 + \gamma_{23}\xi_3 + \beta_2\eta_1 + w_2。 \\ \eta_3 = \beta_3\eta_2 + w_3 \end{cases}$$

式中：η_1 为结构保障；η_2 为在线信任；η_3 为行为意向；ξ_1 为网站供应；ξ_2 为第三方评估；ξ_3 为共同价值观；γ_1 为网站供应商与结构保障的路径系数；γ_{21}、γ_{22}、γ_{23}、β_2 分别为网站供应商、第三方评估、共同价值观、结构保障与在线信任的路径系数；β_3 为在线信任与行为意向的路径系数；w_1、w_2、w_3 分别为结构保障、在线信任、行为意向的随机干扰项。相应的矩阵形式为：

$$\begin{bmatrix} \eta_1 \\ \eta_2 \\ \eta_3 \end{bmatrix} = \begin{bmatrix} 0 & 0 & 0 \\ \beta_2 & 0 & 0 \\ 0 & \beta_3 & 0 \end{bmatrix}\begin{bmatrix} \eta_1 \\ \eta_2 \\ \eta_3 \end{bmatrix} + \begin{bmatrix} \gamma_1 & 0 & 0 \\ \gamma_{21} & \gamma_{22} & \gamma_{23} \\ 0 & 0 & 0 \end{bmatrix}\begin{bmatrix} \xi_1 \\ \xi_2 \\ \xi_3 \end{bmatrix} + \begin{bmatrix} w_1 \\ w_2 \\ w_3 \end{bmatrix}。$$

测量方程为：

$$\begin{cases} X = \Lambda_x\xi + \delta \\ Y = \Lambda_y\eta + \theta \end{cases}。$$

其中，各个测度矩阵可以表示成：

$$\Lambda_x = \begin{bmatrix} \xi_1 \end{bmatrix} = \begin{bmatrix} \lambda_{11} \\ \lambda_{12} \\ \lambda_{13} \\ \lambda_{14} \end{bmatrix},$$

$$\Lambda_y = \begin{bmatrix} \xi_1, \xi_2, \xi_3 \end{bmatrix} = \begin{bmatrix} \lambda_{11} & & \\ \lambda_{12} & & \\ \lambda_{13} & & \\ \lambda_{14} & & \\ & \lambda_{21} & \\ & \lambda_{22} & \\ & \lambda_{23} & \\ & \lambda_{24} & \\ & & \lambda_{31} \\ & & \lambda_{32} \\ & & \lambda_{33} \end{bmatrix}。$$

根据上文分析结构可知，结构方程为：

$$EU = 0.419 \times SP, \quad Errorvar = 0.101, \quad R^2 = 0.176; \quad (4.1)$$

$$OT = 0.304 \times SV + 0.367 \times ME + 0.175 \times SP + 0.23 \times EU,$$
$$Errorvar = 0.09, \quad R^2 = 0.382; \quad (4.2)$$

$$BI = 0.454 \times OT, \quad Errorvar = 0.066, \quad R^2 = 0.204。 \quad (4.3)$$

可化简为：

$$OT = 0.304 \times SV + 0.367 \times ME + 0.271 \times SP, \quad Errorvar = 0.113, \quad R^2 = 0.211;$$
$$(4.4)$$

$$BI = 0.138 \times SV + 0.167 \times ME + 0.123 \times SP, \quad Errorvar = 0.107, \quad R^2 = 0.189。$$
$$(4.5)$$

4.5.3 淘宝网实证研究结论

本研究基于 McKnight 信任理论，以购物平台淘宝网为调研主体，国内在线消费者为调查对象，构建了第三方评估、共同价值观、结构保障、在线信任、网站供应商的在线消费者建立在线信任研究模型。以调查问卷的方式收集数据，采用结构方程模型，实证研究了建立购物平台在线信任的影响因素和作用机制。研究结果表明，共同价值观与建立在线信任正相关，相比之下第三方评估对在线信任的正向影响更为显著；在第三方评估中，数据有效验证了第三方认证对在线信任的正向影响，进一步发现专家评论的影响作用大于第三方认证、担保机制、买家在线评论；在供应商因素的研究中，验证了对在线信任的正向影响，同时数据验证了价格的影响最为显著，大于产地的影响；网站供应商因素正向影响结构保障,结构保障正向影响在线信任,在线信任对行为意向具有显著的正向影响。

第一,本书验证了第三方评估对在线信任的影响和作用机制,对于购物平台有针对性地促进消费者购买决策具有理论参考价值。国内学者较少地将第三方评估作为在线信任的影响因素,随着购物平台的发展,该因素越来越受到重视。相对于国外学者对于第三方认证的研究结果,本研究发现在中国购物平台的环境下,专家评论的影响程度最高,其次是第三方认证、担保机制、买家在线评论。

第二,就国内外学者存在争议的供应商地理位置的影响程度问题,本研究发现供应商地理位置对在线信任存在显著的正向影响,影响程度略高于供应商品牌或知名度,也高于产品信息的完整度。但是,价格的影响程度是最高的,这与部分学者研究结论相一致。

第三,本书将 McKnight 客户关系信任理论运用于中国购物平台情景下,研究发现基本适用。共同价值观、结构保障、第三方评估、供应商因素对在线信任具有显著的正向影响,同时,在线信任与行为意向正相关。

由于研究的局限性和不可控因素,McKnight 信任理论中供应商因素与行为意向的影响关系在本书中没有得到验证,并进行了模型修改,未来研究可重点关注供应商因素在模型中的影响程度和影响机制。另外,在对第三方评估的研究中,本书得出专家评估影响最具显著性的结论,与部分国内学者研究的买家在线评论,或国外学者研究的第三方认证存在差异,在后续理论研究中值得进一步关注和验证。

4.6 本章小结

本章以购物平台淘宝为调研主体,基于 McKnight 客户关系信任理论,根据构建的在线消费者信任模型和相关假设,以调查问卷的方式收集实证数据,采用结构方程模型重点研究了第三方评估和共同价值观对在线信任的影响程度和作用机制。第三方评估和共同价值观是建立在线信任的重要因素,对包括最终购买决策在内的行为意向具有重要影响。

研究结果表明,共同价值观与建立在线信任正相关;第三方评估对在线信任的正向影响更为显著;在第三方评估因素中,专家评论的影响作用大于第三方认证、担保机制、买家在线评论;在供应商因素中,价格的影响最为显著,大于产地的影响。本研究对存在争议的供应商地理位置问题,得出了实证研究结论;而且反映了第三方评估和共同价值观的影响和作用机制,对于购物平台有针对性地促进消费者购买具有理论参考价值。

第 5 章

信任从实体店转移到购物平台的影响因素研究

互联网新技术高速发展，人工智能领域突飞猛进，电子商务面临新的挑战和机遇。纯电商模式遇到发展瓶颈，在新零售时代需要将线上和线下紧密结合，新模式将对纯线下实体店和纯电商网络购物带来冲击。数字技术驱动电子商务产业创新，不断催生新业态和新模式，零售企业依托数字技术进行商业模式创新，对线上服务、线下体验以及现代物流进行深度融合，推动零售业向智能化、多场景化方向发展，积极打造数字化零售新业态。因此，购物平台消费成为推动电子商务市场发展的重要力量，研究消费者信任从实体店转移到购物平台的影响因素十分必要。

目前，大多数学者单独研究信任转移或线上线下渠道转移，针对从实体店至购物平台的信任转移研究还很少。虽然有研究初步探讨了信任转移对消费行为从线下到线上的影响，但是对消费者如何进行从实体店到购物平台信任转移的影响机制及路径的研究尚不深入；也有学者单一研究了实体店信任对建立在线信任的影响，但是相对于其他影响因素，实体店信任的影响程度如何却不得而知；国外学者研究建立的制度信任理论是否适用于中国国情及国人消费习惯还缺乏实证；平台购物因为存在较大的不确定性和风险，信任难以形成；如何利用购物平台的碎片化和情景化优势，把传统线下渠道的消费者转移到移动商务环境，从而较快地构建值得信赖的购物平台，是学界和业界都一直关注的问题。

第4章从在线消费者、购物平台、供应商三方着手，研究建立购物平台在线信任的影响因素。本章基于 Mayer 信任模型和 Zucker 制度信任理论，分析信任从实体店向购物平台转移的影响因素，主要从购物平台方面进一步开展系统的理论分析，构建涵盖实体店信任，购物平台的能力、完整、善意，结构保障、情景正常，以及购买意愿、流程集成度的信任转移假设模型，并提出相关的研究假设。

5.1 Mayer 信任模型和 Zucker 制度信任理论

5.1.1 Mayer 信任模型

Mayer 等提出的信任模型已成为电子商务信任研究中引用最为频繁的概念之一。Mayer 等（1995）按照信任的来源对信任前因的构成进行研究，并提出一个建立组织信任的整合模型。其中信任客体特征可以分为能力、完整和善意，若消费者认为购物平台在能力、完整和善意方面是可信的，则产生信任。能力指的是购物平台具有的技能、竞争能力和特征；完整指的是购物平台服务链条的完整性；善意指的是购物平台排除利己的获利动机，想要向消费者行善的程度。

5.1.2 Zucker 制度信任理论

制度信任最初是一个社会学的研究内容。与传统实体店购物环境相比，购物平台的虚拟性、匿名性等特性让交易双方不能当面交易，所以平台系统环境因素成为建立信任的关键因素之一。只有购物平台能从制度上充分保障消费者权益，消费者才有意愿在购物平台上进行消费。

Zucker（1986）从社会学的角度将信任定义为个体对事件成功期望的概率，其中期望是指获取积极的心理预期，提出了基于制度的信任学说，奠定了制度信任研究的基础。他概括了从 19 世纪末至 20 世纪初美国商业的发展历史，分析了制度信任的两个维度：首先，从第三方认证规范了公司值得信任和期望的行为，如许可证、营业执照、行业协会认证、法律等；其次，由第三方保存附带条件的契约，包括规章、规则、法规、条例等契约形式，提出制度约束下的交往对象能确保个人、组织或群体的安全，进而认为制度约束下的交往对象，其买卖行为和过程更值得信赖，可确保买卖获得期望的效果。

结构保障指的是认为有利的结果可能是由于存在诸如合同和担保的约束，它包括 Zucker 提出的制度信任的两种形式。情境规范是指因为交易各个环节的情形正常，从而产生对未来交易成功的信念。情景规范不涉及担保，而是反映存在不影响交易市场正常交易的不寻常的或危险的情形。在购物平台的环境下，情境规范指在线交易系统中存在一个安全和可靠的信息沟通渠道和技术基础设施，具体而言指在线交易系统中身份认证机制、完整性机制、非拒绝性机制、机密性机制等能有效发挥作用。进而，McKnight 等（2002）提出在线交易存在虚拟性和匿名性，营造熟悉的商务氛围能够提高信任水平。

5.2　信任转移相关因素分析

5.2.1　实体店信任对信任转移的影响

当消费者消费时，由于很难真正理解产品的质量和销售者的行为，就会出现感知的不确定性，难以建立初始信任。在经济学中，感知的不确定性是两种未知现象的集合：一种是预期某事发生的可能性，另一种是预期某事将要产生的结果。与感知风险相比，不确定性的感知并不是完全的负效应，只是因为缺少可信赖的有效信息，消费者不容易进行有效的客观判断。在使用购物平台进行消费时，具体表现在购物买卖行为关系上，在线消费者由于缺乏足够的产品细节介绍和卖方长期交易行为的概括介绍，所以不容易建立起初始信任。因此，对购物平台上供应商和产品的认知，如果可以在实体店中进行体验，将影响消费者的感知和信任。

Kuan 和 Bock（2007）发现消费者对实体店的信任能够显著影响网络平台信

任。Hahn 和 Kim（2009）在此基础上，提出实体店信任可用于预测消费者使用企业购物平台搜索产品的意愿，该意愿和在线消费信心正向影响消费者的购买意愿。Badrinarayanan（2012）基于评价性条件反射理论，实证消费者对实体店的态度正向影响其对在线平台和供应商的态度，其信任也正向影响在线信任。随着智能手机和无线网络的普及，线上渠道具有明显向移动渠道转移的趋势。Lin 和 Lu（2011）提出了线上渠道至移动渠道转移的顾客决策模型，实证表明在线支付信任对移动支付信任具有正向影响，以及移动支付信任可影响使用移动支付的意愿。

信任转移是在线信任形成过程中的一个重要环节，消费者将对一个主体的信任转向其他信任主体，从实体店转移到购物平台。通过实体店的体验与感知，消费者可以建立初始信任，并将正面影响消费者对该类产品、服务以及该渠道的信任水平，同时也有助于提升消费者对该公司产品质量和服务的满意度，进而对从平台购买产生信任，并刺激购买行为的发生。随着智能手机的广泛应用和购物平台移动应用的开发，消费者从实体店购物逐步转向购物平台。因此，多渠道背景下和渠道内的信任转移问题也引起了学者的广泛关注。

5.2.2 制度信任对信任转移的影响

1. 结构保障

在制度信任研究方面，Zucker（1986）研究了电子商务制度和环境成熟程度是否值得消费者信任，强调了交易顺畅和消费者自身权益的维护，如结构保障、情景正常等。

结构保障是一个基于制度的信任因素变量。McKnight 等（2002）研究发现：消费者更倾向于在安全可靠的环境中产生信任；在网络购物中，信任是消费者对一个网络供应商产生购买意愿的重要因素，特别是当消费者尚未与该网络平台产生交易之前；基于第三方平台的结构保障也会显著影响购物平台中的消费者信任，Pavlou 和 Gefen（2004）对 e-Bay 和 Amazon 进行了调查分析，实证了网站平台制度和第三方平台制度都能显著提升消费者信任度以及促进消费者产生购买意愿。过去的研究发现，政府监管机构和第三方消费者平台都可以通过制度管控来提高消费者对电子商务农产品质量和安全的信任。Xu 等（2012）发现政府的制度调控能力能有效提升消费者对鲜活农产品购买的信任度。

也有学者提出，只有在风险环境下才需要信任，即信任只与不确定的环境因素相关，风险被看作一个解释消费者行为的重要而宽泛的变量。当交易过程或交易处于高度不确定性的环境中，基于行业或第三方平台的信任机制比基于个人或组织的信任机制更为有效和关键。

2. 情景正常

情景规范是指通过交易过程中所体现的习惯和规则来判断交易是否可以成功。Baier（1986）提出情景正常指消费者相信商务环境是正常、有序的，商户有能力，愿意从消费者利益出发并诚实可信，能够反映在交易市场中没有影响正常交易的异常或危险的情形存在。Zhou 等（2014）通过详尽可能性模型，研究检验了在线消费者第一次访问新网站的初始信任建立，结果表明影响初始信任的两个主要因素是论证质量和信息源可信度，同时发现了不确定性缺失和个人主义对初始信任有直接作用。

在购物平台环境下，如购物平台和供应商根据消费者以前的购物习惯来设计购买页面和交易流程，将会符合消费者的预期，并获得信任；反之，如果购物平台的界面不规范，以及不熟悉或不便捷的购买流程等都会降低消费者的在线信任。Manganari 等（2009）对 1999 年之后近 10 年的网络服务场景进行了系统的梳理，研究了线上商城的环境框架，对网络购物环境进行了综合的分类，包括虚拟布置和设计、虚拟氛围、虚拟戏剧效果和虚拟社会临场感 4 个维度。其中，虚拟布置和设计包括网页中的网格布局、自由型布局和赛道布局等网站布局形式因素，虚拟氛围包括整体风格、颜色搭配、留白多少、背景音乐、字体或字大小等因素，虚拟戏剧效果包括网页形象、生动性、交互性和动画技术等因素，虚拟社会临场感则包括网页计数器、其他在线评论和网络商店拥挤性等因素。

此外，必要的沟通也是界面设计过程中应该包括的内容。Lubatkin 等（2001）发现，网页所包含的具体信息与公司信任的形成呈正相关。购物平台上的在线交流工具，如即时聊天软件和在线客服等，包括各个商家面对消费者的在线客服，购物平台面对消费者的在线客服，这些交流形式有助于客户产生信任。Doney 等（2004）发现，由于缺乏即时购物乐趣，电子商务信托与在线信任呈负相关；Yoon（2002）提出，一个带有商品的动态视频查询功能能够增加客户的信任。近年来，国内直播平台、短视频营销异军突起，因为互动增多、视觉冲击力更强、策划更专业，进而拓展了电子商务销售渠道，提高了销售额。因此，规范的交易环境、良好的网页设计、及时的在线咨询、短视频等可以促进在线信任的转移。

5.2.3　信任前因对信任转移的影响

通过对在线信任文献的系统整理，将信任前因分为能力、完整和善意。

1. 能力

能力指消费者对购物平台可以实现预期行为的感知。在对购物平台在线信任的研究中，这种感觉是基于两个相关的信念：一个是购物平台是否有能力完成既定行为，另一个是购物平台是否有访问权限来保证既定行为的完成。如果消费者感受不到这两个信念，则会质疑购物平台的能力。

在信任构建过程中，Doney 和 Cannon（1997）提出了计算过程、预测过程、能力过程、意向过程、传递过程，其中传递过程研究信任从被信任对象转移到另一个不为消费者熟悉的对象上。Bhattacherjee（2002）实证研究了诚信、能力、友善这 3 个在线信任的要素。

2. 完整

Kaur 和 Quareshi（2015）提出影响在线消费的主要原因为缺乏安全感、缺失地域限制上的检测、缺少产品完整信息、视觉设计无吸引力等。Chatterjee 和 Diaconis（2013）从信息不对称的角度分析存在不确定性的前因，发现网络购物技术的局限性（商品买卖过程的缺乏、商品信息的缺乏、买家和卖家的匿名性）是消费者感知网上购物不确定性的根源。

完整不仅仅指商品信息的完整性和准确性，而且包括如何管理在线交易的流程、顾客售前售后服务政策、商品物流的及时性、资金结算的效率、消费者信息的保密规定等。

3. 善意

善意是指消费者相信购物平台和供应商想去做对消费者有益的事，而把自己的利益动机放在一边的程度。

例如，某购物平台提供快递费优惠券、个别商品免费试吃或体验，即使这增加了成本，缩减了利润空间，结果是消费者体验到商家的善意，通过体验增加了对商品的感知或对平台服务质量的体验，进而使平台获得更多的消费者信任。

5.2.4 流程集成度对信任转移的影响

集成度被定义为一组实体被感知成一个紧密连接的整体的程度。Campbell（1960）提出实际的物体可应用集成度这个概念，社会群体也可应用。Sherman 和 Hamilton（1996）认为集成度是形成群体印象和处理群体信息的一个重要维度。

学者关于集成度主要有两个方面的研究：一方面研究集成度对于人们形成群体印象的影响，探索集成度如何影响群体特性传递和群体行为的预期；另一方面研究关于集成度的形成机制。

Steinfield 和 Klein（1999）从消费者的角度，研究流程的集成度可以帮助企业向消费者提供联合服务，如消费者网上了解信息或下单，实体店可提货、退换货。实体店和移动商店隶属同一公司，使用同样的商标，运营管理紧密结合，具有特征相似性及高度行为交互性。因此，两者之间具有较高的集成度。信任传递关系也被 Stewart（1999）实证过，研究发现集成度可以解释信任转移，也可解释基于制度的信任。

5.2.5 购买意愿对信任转移的影响

意愿是个体从事某种特定行为的主观概率。购买意愿在理性行为理论中，是指消费者采取特定购买行为可能性的大小，即消费者是否存在在线购买商品的意愿及其大小，并以此对消费者的购买行为进行预测。Mullet 和 Karson（1985）认为，消费者对一个商品或品牌的态度，再加上外部因素，构成了消费者的购买意愿。购买意愿是消费者选择特定商品的主观倾向，已被证明是预测消费者行为的重要指标。Dodds 等（1991）认为消费者是否愿意购买取决于他从想要购买的产品中所带来的利得与为得到此产品所要付出的代价二者的对比，购买意愿指消费者购买某一特定产品的主观概率或可能性。也有学者认为，购买意愿是消费者对某一特定商品的购买计划。

在线信任与购买意愿相互作用、相互影响。消费者在实体店购物时，可以更为直观地了解商品的基本信息，对存在疑问的地方可以进行面对面的咨询，从而降低感知的不确定性。然而，在购物平台上购物时，由于时间和空间的限制，消费者感知商品实物信息和供应商行为的渠道受到极大的削弱，只能通过对购物平台的预估来自行评估网站供应商是否可信。因此，消费者对购物网站的信任可以减缓决策过程中的信息不对称问题，从而对消费者感知的不确定性产生正面影响，提高消费者的网上购买意愿。Berry 和 Parasuraman（1993）发现，当消费者信任产品或供应商时，消费者会产生正向的购买意愿，并增加商品购买量和反复进行购买；当消费者对供应商或商品不具有信任倾向时，消费者将产生负向购买意愿，进而表现出对服务和产品的不满，减少购买的可能性。当在线消费者具有购买意愿后，就有可能将信任从实体店转移至购物平台。Roghanizad 和 Neufeld（2015）提出，消费者信任决策模型使用慎重的审议进程，购买意愿在有风险购买决策中扮演重要作用，风险不对称影响了审议和直觉决策过程，并对网站设计作为新的启示因素进行了讨论。对于购买意愿的研究包括以下四类：

一是研究基于在线消费者态度的购买意愿。Kim 和 Littrell（2001）使用著名的 Fishbein 模型来测量旅游者的态度，该模型被认为是一种合适的态度测量模型。研究表明，旅游者对目的地文化的认知将影响他们购买商品的意愿和最终购买行为。

二是研究基于购买的最大感知意愿。Dodds（1996）在研究中提到，购买意愿与感知价值呈正相关，感知价值则受到感知收益和感知资本减少的影响。研究把消费者设定为交易的最终决定者，提出了消费者导向的重要性，并指出了感知价值的构成及其影响因素。

三是研究以购买意愿为基础，进一步把感知风险和对购买行为的整体评估加入感知价值模型中，提出感知风险是为获取特定商品而付出的成本，而感知利得、货币成本及感知风险会通过对购买行为的整体评估来影响购买意愿。当感知风险降低到消费者能够接受的程度或不存在任何风险时，消费者会进行购买。

四是以计划行为理论为基础，对消费者的购买意愿进行研究。消费者计划行为理论在研究购买意愿中被认为是最重要的理论之一，由 Ajzen（1991）最先提出，包含消费者的消费行为、消费者的购买意愿、影响消费者购买意愿的因素以及对影响消费者购买意愿的因素分析 4 个方面，提出行为态度、主观社会规范和感知行为控制对个体行为意向有促进作用。

综上所述，基于 Mayer 信任模型和 Zucker 制度信任的研究，按照信任的来源对信任前因的构成进行研究，并提出信任客体特征可以分为能力、完整和善举，若消费者认为购物平台在能力、完整和善意方面是可信的，则产生信任。在制度信任研究方面，分析在线交易制度和环境成熟程度是否值得消费者信任，强调交易顺畅和消费者自身权益的维护，如结构保障、情景正常等，将两者作为影响在线信任转移的因素。从消费者的角度，研究流程的集成度可以帮助企业向消费者提供联合服务。购买意愿是消费心理的表现和购买行为的前奏，将影响购买行为及信任渠道间转移。

5.3　基于永辉超市购物平台信任转移的实证研究

基于 Mayer 信任模型和 Zucker 制度信任理论，构建实体店信任、购物平台信任前因（能力、完整、善意）、制度信任（结构保障、情景正常），以及购买意愿、流程集成度的信任转移假设模型。本章采取大规模调查问卷的方式，通过SPSS 对 417 份永辉超市购物平台的有效调查问卷进行描述性统计分析和信效度检验，验证假设模型，运用多分类 Logistic 回归验证相关假设，探讨各因素对信任转移的影响机制及路径，旨在引导商家实现线上线下协同，以期对管理理论和企业实践有所裨益。

5.3.1　建立信任转移模型和提出相关假设

信任转移是认知的过程和构建信任的机制，根据信任目标相关的实体或背景信息产生信任，该认知过程被称为信任转移。近年来，信任转移已成为国外学术界研究热点。研究者通常将信任转移分为渠道内信任转移和渠道间信任转移，发现消费者对一个渠道的信任程度将影响同一品牌其他渠道的信任感知。关于渠道内信任转移，Stewart（1999）认为消费者通过网站间的相似性和交互性，将认知度高的网站信任转移到陌生的网站上；可信网站和陌生网站之间相似度越高，联系度越高，信任转移就越明显。关于渠道间信任转移，可将其细分为线下渠道至线上渠道信任的转移，和目前更为流行的线上渠道与移动渠道之间的信任转移。Chang 等（2013）研究了不同信任机制的有效性和交互作用，包括第三方证明、信誉、回馈政策对于建立信任具有明显正向作用，并交互影响信任的程度。Roghanizad 和 Neufeld（2015）提出消费者信任决策模型使用慎重的审议进程，购买意愿在有风险购买决策中扮演重要作用，风险不对称影响了审议和直觉决策过程，对网站设计作为新的启示因素进行了讨论。

综合上述文献，本书提出了研究模型（图 5.1），并提出相关假设。

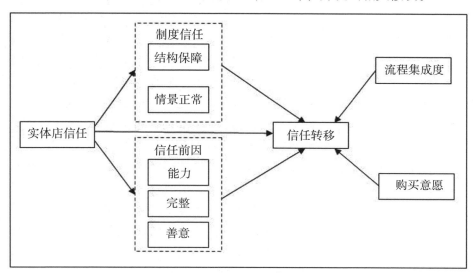

图 5.1　信任转移模型

首先，实体店的信任基于消费者对于实体店的消费体验。具有同一品牌的超市在购物平台上进行运营，与实体店具备同样的标识、产品、财务和运营能力，在永辉超市高层访谈中已确认了上述情况，所以永辉超市实体店与购物平台永辉超市具有特征相似、行为一致的高度交互性。因此，实体店的信任能够显著影响网络平台信任，这在 Kuan 和 Bock（2007）的文献中也得到了证实。基于评价性条件反射理论，Badrinarayanan 等（2012）实证了消费者对实体店的态度正向影响其对在线平台和供应商的态度，其信任也正向影响在线信任。所以本研究提出如下假设：

H_1：**实体店信任对信任转移具有显著的正向影响。**

能力、完整、善举是信任的重要维度。当购物平台上的商家具备全面展示产品信息能力、及时配送产品能力、同样提供促销专区的完整性、线上线下可一致提供退换服务等，消费者可以预期自己将得到与实体店相同的产品和服务，将有助于信任转移。Mayer 等（1995）提出了相关的信任模型，发现若消费者认为购物平台在能力、完整和善意方面是可信的，则产生信任；反之，如果网上商店缺少产品完整信息、实体店与网上商店沟通不畅、派送商品不及时、解决投诉时不能从消费者角度出发等，都将影响消费者的信任转移，所以本研究提出如下假设：

H_2：**购物平台的能力对信任转移具有显著的正向影响。**

H_3：**购物平台的完整性对信任转移具有显著的正向影响。**

H_4：**购物平台的善举正向影响信任转移。**

结构保障和情景正常属于制度性信任，在建立初始在线信任阶段具有显著影响。当消费者建立了实体店信任，将信任转移到购物平台的同一商家时，消费者更愿意在安全可靠的环境下转移信任。McKnight 等（2002）和 Zucker（1986）在相关研究中也提出类似结论。如果消费者相信网络购物环境是正常有序、信息源可信度高，将有利于信任的转移。所以本研究提出以下假设：

H_5：**购物平台的结构保障对信任转移具有显著的正向影响。**

H_6：**情景正常对信任转移具有显著的正向影响。**

购买意愿是消费者购买某种产品的主观可能性和概率高低。有学者提出购买意愿是消费者的购买计划或预算，有学者认为是消费者对某一品牌的态度加上外在因素构成了消费意愿；Dodds 等（1991）认为购买意愿是主观概率和可能性，有学者认为购买意愿是消费心理的表现和购买行为的前奏。因此，购买意愿将影响购买行为及信任渠道间转移。所以本研究提出以下假设：

H_7：**消费者的购买意愿正向影响信任转移。**

集成度研究了同一公司和管理制度下，实体店和线上商店具有相同特征和经营理念、类似行为、工作协调度高，运营管理紧密结合，具有特征相似性及高度行为交互性，对于双方流程集成度的预期有利于消费者对线上渠道发生信任转移。Stewart（1999）也实证过较高的集成度与信任传递的关系。所以本研究提出以下假设：

H_8：流程集成度对信任转移具有显著的正向影响。

综上所述，研究消费者将购买行为从实体店转移到购物平台的影响因素和路径，基于 Mayer 信任模型和 Zucker 制度信任理论，从实体店信任、购物平台能力、完整、善意、结构保障、情景正常、购买意愿、流程集成度 8 个维度，构建了实体店到购物平台的信任转移模型，并提出了相关的 8 个假设。

5.3.2 信任转移的模型变量与数据收集

1. 信任转移的模型变量

本章以永辉超市购物平台为调研主体，通过前往京东集团总部进行管理层访谈、对接永辉超市北京区域负责人，采用发放调查问卷的方法，对实体店信任、能力、完整、善意、结构保障、情景正常、购买意愿、流程集成度维度进行调研。问卷采用李克特量表，首先进行理论分析提取关键变量，采用了国外文献中的量表，实体店信任参考 Grazioli 和 Jarvenpa（2000）提出的测量量表，结构保障和情景正常参考 McKnight（2002）等提出的测量量表，能力、完整、善举参考 Mayer 等（1995）提出的测量量表和 Oliveira 和 Roth（2012）研究结论，流程集成度参考 Steinfield 和 Klein 等（1999）的研究成果，购买意愿参考 Dodds 等（1991）提出的测量量表，信任转移参考了 Morgan 和 Hunt（1994）对信任的测度项，根据本书研究目的加以修正，作为最后的实证工具。然后通过管理层访谈对量表进行预测试，根据访谈情况增加了部分量表，并请专家进一步修改完善。在预调研中对收集回来的数据使用 SPSS 软件进行了探索性因子分析，删除部分题目形成了最终测量量表。

信任转移模型主要涉及 6 个潜在变量：实体店信任、购物平台初始信任、流程集成度、结构保障、情景正常、购买意愿。对于实体店信任和购物平台初始信任，大部分采用了 Grazioli 和 Jarvenpaa 在 2000 年提出的测量变量，并增加了 McKnight 等提出的变量；对于流程集成度，在杨庆 2005 年验证后变量的基础上，提出自己设计的新变量；结构保障采用 McKnight 等在 2002 年提出的测量模型；购买意愿采用 Dodds 等于 1991 年提出的测量模型。问卷同样采用李克特 7 级量表来进行测量。

2. 数据收集

调研对象为有永辉超市实体店和永辉超市购物平台网上购物经验的消费者。回收有效问卷 417 份，消费者年龄主要为 18～49 岁，占比 93%，男女概率为 1∶2，受教育程度本科及以上占 70%，购物年限 2～8 年的占 77%，月均购物频率为 3～6 次的占 49%，月收入 2000～6000 元的占 44%。使用 SPSS 软件对样本进行描述性统计分析，包括最大值、平均值、标准差、偏度和峰度，其中偏度绝对值小于 1，峰度绝对值小于 2，数据呈正态分布（表 5.1）。

表 5.1　描述性统计

维度	因子	描 述	偏度	峰度
实体店信任（ST）	ST_1	永辉超市实体店关心消费者，并维护消费者权益	0.009	−0.788
	ST_2	永辉超市实体店具备提供优质服务的能力	−0.3	−0.189
	ST_3	永辉超市实体店会遵守对消费者售前售后的承诺	−0.302	−0.589
能力（OC）	OC_1	永辉网上超市与实体店相同，能提供丰富的产品信息	−0.07	−0.763
	OC_2	永辉网上超市可展示清晰的图片和文字说明	−0.163	−0.58
	OC_3	永辉网上超市易操作和购买流程顺畅	0.036	−0.823
	OC_4	永辉网上超市能按时送货（两个小时内送达）	0.033	−0.539
	OC_5	永辉网上超市可发表和查看商品评论和好评度	−0.299	−0.158
	OC_6	永辉超市在购买一定金额后，可以减免运费	−0.336	−0.718
完整（IN）	IN_1	永辉网上超市同样提供促销专区	−0.281	−0.47
	IN_2	可线上下单，然后到实体店取货或者退换	−0.464	−0.277
	IN_3	会员卡可线上线下通用，享有相同的权利	−0.278	−0.474
	IN_4	永辉网上超市提供便捷的沟通方式，能快速回复咨询和投诉	−0.16	−0.445
	IN_5	除了网上支付功能外，提供货到付款的付款方式	−0.202	−1.071
善意（BE）	BE_1	永辉网上超市关心消费者，并维护其权益	0.012	−0.41
	BE_2	永辉网上超市会遵守承诺	−0.045	−0.979
	BE_3	我选择信任永辉网上超市。	−0.497	−0.226
结构保障（SA）	SA_1	永辉网上超市购物能保障我的隐私安全	−0.296	−0.101
	SA_2	购物平台的技术可确保网络购物的安全	−0.42	−0.37
	SA_3	能保障银行卡信息不泄露和结算安全	−0.329	−0.272
	SA_4	法律环境和制度可确保交易的安全	−0.714	0.19
情景正常（NORM）	$NORM_1$	永辉网上超市是值得信任的	−0.041	−0.767
	$NORM_2$	永辉网上超市相信消费者不会采取恶意行为	−0.079	−0.554
	$NORM_3$	永辉网上超市有能力对消费者提供良好的服务	−0.263	−0.533

续表

维度	因子	描述	偏度	峰度
购买意愿（PI）	PI_1	我从永辉网上超市购买产品的可能性较大	−0.337	−0.1
	PI_2	如果我考虑购买某类产品，我将考虑网上和实体店的价格差异	−0.564	−0.588
	PI_3	对于适合线上购买商品，我会优先选择从永辉网上超市进行购买	−0.347	−0.307
流程集成度（INT）	INT_1	永辉超市线上和线下商店之间沟通及时、顺畅，信息传递精准	0.029	−0.461
	INT_2	永辉超市线上和线下商店在服务客户和完成销售额方面有着共同的目标	−0.063	−0.426
	INT_3	网上已下单，线下商店缺货时，永辉超市与消费者能第一时间沟通，并按照消费者意愿进行退款或换货	0.286	−0.944
信任转移（OT）	OT_1	我倾向于信任永辉网上超市	−0.035	−0.666
	OT_2	目前为止，在我的购买经历中，永辉网上超市一直诚信交易	−0.19	−0.544
	OT_3	我相信永辉网上超市有能力，并有意愿长期提供可靠服务	−0.127	−0.344

5.3.3 调查问卷信效度分析

1. 信度检验

本次调查选取了问卷的 9 个维度进行分析，信度分析的影响指标总共有 33 个，这 9 个维度信度得到的 α 系数结果均大于 0.7。α 系数越大，问卷信度越高，即问卷的可信性和稳定性越高。从表 5.2 中可以看出，实体店信任的信度为 0.782，能力的信度为 0.89，完整的信度为 0.849，善意的信度为 0.74，结构保障的信度为 0.824，情景正常的信度为 0.784，购买意愿的信度为 0.777，流程集成度的信度为 0.775，信任转移的信度为 0.805。DeVellis（1991）研究认为信度为 0.80 ～ 0.90 时表示非常好，信度为 0.70 ～ 0.80 时表示相当好。本书也研究了校正的项总计相关性，其值通常要求大于 0.5，本问卷各变量均符合要求。因此，调查问卷各维度具有较好的信度，下一步进行效度检验。

表 5.2　可靠性统计和项总计统计

维度	因子	校正的项总计相关性	项已删除的 α 系数	α 系数
实体店信任（ST）	ST_1	0.596	0.732	0.782
	ST_2	0.63	0.693	
	ST_3	0.634	0.69	
能力（OC）	OC_1	0.68	0.875	0.89
	OC_2	0.707	0.871	
	OC_3	0.783	0.86	
	OC_4	0.619	0.884	
	OC_5	0.78	0.859	
	OC_6	0.684	0.875	
完整（IN）	IN_1	0.688	0.81	0.849
	IN_2	0.674	0.813	
	IN_3	0.559	0.844	
	IN_4	0.668	0.815	
	IN_5	0.706	0.805	
善意（BE）	BE_1	0.64	0.568	0.74
	BE_2	0.5	0.727	
	BE_3	0.563	0.661	
结构保障（SA）	SA_1	0.627	0.788	0.824
	SA_2	0.686	0.761	
	SA_3	0.7	0.755	
	SA_4	0.585	0.809	
情景正常（NORM）	$NORM_1$	0.561	0.773	0.784
	$NORM_2$	0.624	0.705	
	$NORM_3$	0.685	0.637	
购买意愿（PI）	PI_1	0.654	0.654	0.777
	PI_2	0.561	0.755	
	PI_3	0.628	0.683	
流程集成度（INT）	INT_1	0.641	0.661	0.775
	INT_2	0.524	0.794	
	INT_3	0.675	0.629	
信任转移（OT）	OT_1	0.619	0.768	0.805
	OT_2	0.639	0.749	
	OT_3	0.703	0.679	

2. 效度分析

效度分析是对研究的真实性和准确性进行分析。效度检验通常包括对表面效度和结构效度的双重分析检验,而结构效度是最为核心的一个部分,运用因子分析法对研究结果进行分析。依照 KMO 样本测度值对测度值的结果进行划分,KMO 值越接近于 1,说明效度检验结果越好。KMO 值大于 0.6 时,可以开始进行因子分析,KMO 值越接近 1 则更适用于因子分析。本研究计算得出 KMO 值为 0.865(表 5.3),说明问卷适合做因子分析。Bartlett 球形检验主要用于检验各变量间的独立关系,判断各变量间的相关矩阵是否为单位矩阵。本研究在近似卡方为 5786.604、自由度为 528(表 5.3)时,已达到显著水平,因此可以拒绝零假设,表明收集数据可以进行主成分的分析。

表 5.3　KMO 和 Bartlett 的检验值

KMO 度量		0.865
Bartlett 球形检验	近似卡方	5786.604
	自由度	528
	显著度	0.000

5.3.4　验证性因子分析

本研究采用 Kaiser 标准化的正交旋转法,计算出旋转因子成分载荷,各个因子都有比较明确的含义,归类符合理论预期,同时交叉负载程度低,每个变量的因子载荷均大于 0.7,说明量表具有较好的收敛效度。陡坡检验结果如图 5.2,表明提取到的因子与实际是一致的,符合理论模型的设定。

本章综合了路径分析、因子分析、方差分析和回归分析等方法,验证假设模型与调研数据的契合程度,得到了标准化路径系数图,并验证了该模型整体的拟合程度较好。结构效度检验主要通过验证性因子分析进行,分析检验问卷中题项与维度的从属关系是否正确。根据探索性因子分析的结果,已得出因子结构,采用验证性因子分析来检验问卷的结构效度。验证性因素分析基于探索性因素分析的结果,验证已有理论模型与数据拟合程度,也是考察问卷结构效度的一种途径。

通常使用 $\chi2/df$、RMR、$RMSR$、GFI、$AGFI$、NFI、IFI、CFI、$RMSEA$ 等指标来衡量结构模型的拟合情况。计算结果如表 5.4 所示,其中卡方值为 1.266,满足小于 3 的标准;残差均方和平方根 RMR 接近 0.05;$RMSR$ 为 0.03,满足小于 0.05 的标准;均拟合度指标 GFI、规范拟合指标 NFI、比较拟合指标 CFI 等均大于 0.90,渐进残差均方和平方根 $RMSEA$ 为 0.025,符合小于 0.08 的标准。

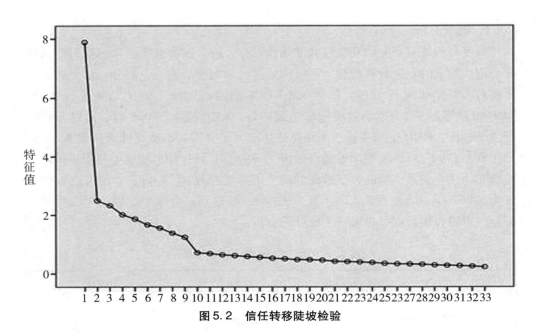

图5.2　信任转移陡坡检验

表5.4　模型的拟合指标

统计检验量	适配的标准或临界值	检验结果数据	模型适配判断
χ^2/df	<3.00	1.266	是
RMR	<0.05	0.075	否
RMSR	<0.05	0.040	是
GFI	>0.90	0.923	是
AGFI	>0.90	0.906	是
NFI	>0.90	0.902	是
IFI	>0.90	0.978	是
CFI	>0.90	0.978	是
RMSEA	<0.08	0.025	是

　　本研究对探索性因子分析的33个变量进行了验证性因子分析，如图5.3。比较分析指标和参考值，可见模型整体拟合度较好。

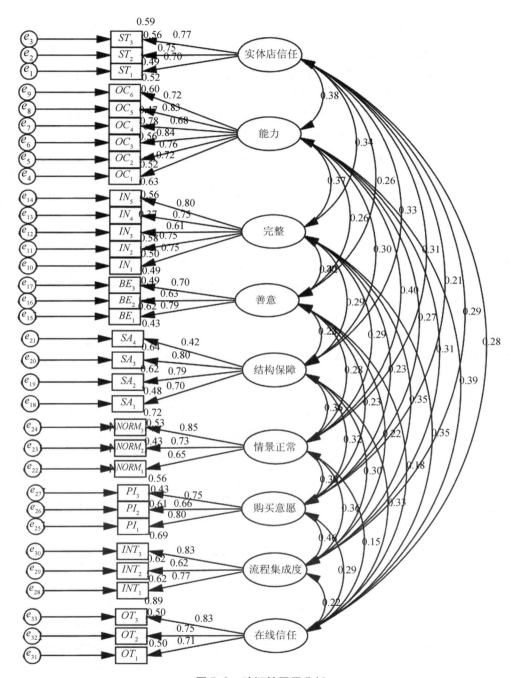

图5.3 验证性因子分析

5.3.5 多分类 Logistic 回归分析

1. 影响因素的参数估算值

信任转移是建立在线信任过程中关键的一环，是信任从实体店转向不为消费者熟悉的购物平台的过程，也可理解为消费渠道的迁徙。基于对同一品牌实体店的消费体验和信任，购物平台的结构保障和情景正常因素，信任产生的前因，商家虚实结合的流程集成度和消费者购买意愿，将影响消费者对购物平台的感知和购买决策。信任转移的多分类 Logistic 回归分析，旨在分析各类影响因素与消费者信任转移之间的联系，验证各因素对消费者把信任从实体店转移到购物平台的影响程度。在分析方法上，多分类 Logistic 回归通常研究多值响应变量与影响因素之间的关系，是二分类 Logistic 回归技术的延展。经过系统的分析和比较，参数估算值见表5.5。从瓦尔德系数分析，购物平台能力（OC）的瓦尔德系数为17.177，对信任转移的影响最为显著；其次是结构保障（SA），瓦尔德系数为12.272；之后分别是完整性、流程集成度、购买意愿和实体店信任。

表5.5 参数估算值

OT 分类	B	标准误差	瓦尔德系数	显著性	Exp（B）	Exp（B）的95%	
						下限	上限
ST	0.838	0.337	6.192	0.013 ***	2.311	1.195	4.47
OC	1.509	0.364	17.177	0 ***	4.522	2.215	9.23
IN	1.192	0.349	11.651	0.001 ***	3.293	1.661	6.53
BE	−0.117	0.324	0.129	0.719	0.89	0.471	1.681
SA	1.116	0.319	12.272	0 ***	3.052	1.635	5.699
$NORM$	−0.14	0.299	0.22	0.639	0.869	0.483	1.562
PI	0.758	0.299	6.431	0.011 ***	2.133	1.188	3.832
INT	0.955	0.35	7.453	0.006 ***	2.599	1.309	5.16

注：*** 表示 $p < 0.001$。

研究结果表明，实体店信任（ST）显著性 p 值为0.013，H_1 成立，实体店信任对信任转移具有显著的正向影响。永辉超市实体店和购物平台具有相同的品牌名称，隶属于同一个公司，具备统一的财务、人事、运营和管理，被消费者认为具有特征相似及行为能力的高度统一。因此，消费者预期购物平台具备实力来提供对应服务，对于实体店的初步信任可以转移到购物平台。

购物平台能力（*OC*）显著性 p 值为 0，H_2 成立，购物平台能力显著正向影响信任转移。消费者关注购物平台是否可以提供与实体店同样丰富的产品信息，在移动设备上显示的图片和文字说明是否清晰完善，在购买的时候操作是否简单、方便、快捷，流程是否顺畅，下单后送货是否及时，在购物平台上是否也同样方便发表评论和查看其他消费者发布评论，以及是否有运费减免政策，以上均体现了购物平台的运营能力，正向影响消费者的信任转移。

购物平台的结构保障（*SA*）的显著性 p 值为 0，H_5 成立，购物平台的结构保障对信任转移具有显著的正向影响。消费者对于在线隐私保护的要求逐渐增加，购物平台需要保障消费者的隐私安全。购物平台掌握安全关键技术，搭建安全体系架构，采用稳定的操作系统，可规避消费者面临的安全风险。由于参与主体日益多元和产业链条复杂化，银行卡信息泄露和欺诈犯罪现象日益增加，特别是系统端泄露。因此，购物平台的结构保障显得尤为重要，要确保银行卡信息保密和结算安全。最后，从购物平台制度和法律环境上保障在线消费安全，有利于消费者信任转移和促进电子商务发展。

购物平台的完整性（*IN*）的显著性 p 值为 0.001，H_3 成立，购物平台的完整性对信任转移具有显著的正向影响；善意因素（*BE*）的显著性 p 值为 0.719，H_4 不成立，说明善意因素和信任转移不存在显著相关性；情景正常（*NORM*）的显著性 p 值为 0.639，H_6 不成立，说明情景正常和信任转移不存在显著相关性；消费者的购买意愿（*PI*）的显著性 p 值为 0.011，H_7 成立，购买意愿正向影响信任转移；流程集成度（*INT*）的显著性 p 值为 0.006，H_8 成立，流程集成度对信任转移具有显著的正向影响。

2. 影响因素的标准化路径系数

通过路径分析完成信任转移模型，分析影响因变量信任转移的各类因素中，各种变量的强度和可靠度。基于模型，将调查问卷所得数据导入模型中，得到标准化路径表 5.6，以及各变量间路径系数分析表。研究发现：

表 5.6　标准化路径系数

路径关系	*Estimate*	*S. E.*	*C. R.*	*p*	*Standardized Estimate*	*CR*	*AVE*
ST_1←实体店信任	1				0.695		
ST_2←实体店信任	1.046	0.087	12.043	***	0.75	0.783	0.546
ST_3←实体店信任	1.053	0.088	11.939	***	0.77		

续表

路径关系	Estimate	S. E.	C. R.	p	Standardized Estimate	CR	AVE
$OC_1 \leftarrow$ 能力	1				0.719		
$OC_2 \leftarrow$ 能力	1.111	0.075	14.895	***	0.761		
$OC_3 \leftarrow$ 能力	1.096	0.068	16.083	***	0.84	0.892	0.581
$OC_4 \leftarrow$ 能力	0.903	0.069	13.117	***	0.684		
$OC_5 \leftarrow$ 能力	1.186	0.074	16.128	***	0.833		
$OC_6 \leftarrow$ 能力	1.051	0.074	14.264	***	0.724		
$IN_1 \leftarrow$ 完整	1				0.748		
$IN_2 \leftarrow$ 完整	1.077	0.074	14.528	***	0.747		
$IN_3 \leftarrow$ 完整	0.884	0.074	11.876	***	0.606	0.851	0.535
$IN_4 \leftarrow$ 完整	1.066	0.075	14.294	***	0.746		
$IN_5 \leftarrow$ 完整	1.139	0.076	15.058	***	0.797		
$BE_1 \leftarrow$ 善意	1				0.789		
$BE_2 \leftarrow$ 善意	0.791	0.079	10.009	***	0.629	0.75	0.502
$BE_3 \leftarrow$ 善意	0.968	0.086	11.29	***	0.698		
$SA_1 \leftarrow$ 结构保障	1				0.695		
$SA_2 \leftarrow$ 结构保障	1.151	0.084	13.765	***	0.791	0.827	0.547
$SA_3 \leftarrow$ 结构保障	1.143	0.083	13.698	***	0.802		
$SA_4 \leftarrow$ 结构保障	1.01	0.086	11.763	***	0.659		
$NORM_1 \leftarrow$ 情景正常	1				0.654		
$NORM_2 \leftarrow$ 情景正常	1.088	0.093	11.739	***	0.727	0.79	0.56
$NORM_3 \leftarrow$ 情景正常	1.29	0.108	11.933	***	0.85		
$PI_1 \leftarrow$ 购买意愿	1				0.798		
$PI_2 \leftarrow$ 购买意愿	0.793	0.068	11.641	***	0.658	0.781	0.544
$PI_3 \leftarrow$ 购买意愿	0.966	0.075	12.841	***	0.75		
$INT_1 \leftarrow$ 流程集成度	1				0.768		
$INT_2 \leftarrow$ 流程集成度	0.842	0.074	11.404	***	0.623	0.788	0.577
$INT_3 \leftarrow$ 流程集成度	1.025	0.071	14.534	***	0.833		

续表

路径关系	Estimate	S. E.	C. R.	p	Standardized Estimate	CR	AVE
OT_1←信任转移	1				0.709		
OT_2←信任转移	1.149	0.09	12.789	***	0.751	0.808	0.585
OT_3←信任转移	1.246	0.091	13.678	***	0.83		

注： *** 表示 $p < 0.001$。

在实体店信任的各项因素中，ST_3（实体店遵守售前售后的承诺）最为显著，系数为 0.77；其次是 ST_2（具备提供优质服务的能力），系数为 0.75；最后是 ST_1（关心维护消费者权益），系数为 0.695。

在购物平台能力的各项因素中，OC_3（平台购物平台容易操作性和购买流程顺畅）最为显著，系数为 0.84；其次是 OC_5（可发表和查看在线评论和好评度），系数为 0.833；之后是 OC_2（清晰图片和文字说明），系数为 0.761；最后是 OC_6（运费减免）、OC_1（全面的产品信息）、OC_4（及时送货），系数分别为 0.724、0.719、0.684。

在完整的各项因素中，最为显著的是 IN_5，系数为 0.797，说明支付功能的完整性（除了网上支付外，还可提供货到付款方式）非常重要；其次是 IN_1，系数为 0.748，说明购物平台也同样有提供促销专区的必要性；再次是 IN_2（购物平台下单之后，可以在实体店取货或退换货）和 IN_4（购物平台快速的反馈能力），系数分别为 0.747、0.746；IN_3（购物平台与消费者之间的沟通流程顺畅程度及响应速度）最小，为 0.6。

在善意的各项因素中，最为显著的是 BE_1 为 0.789，说明消费者相信永辉超市会关心消费者，在遇到问题的时候将考虑消费者利益，维护消费者权益；BE_3 为 0.698，代表消费者对于购物平台采取信任的善意；BE_2 为 0.629，说明消费者倾向于相信永辉超市购物平台会遵守承诺。

在结构保障的各项因素中，SA_3（银行卡和结算的安全）最为显著，系数为 0.802；其次是 SA_2（网络购物的安全性），系数为 0.791；最后是 SA_1（隐私安全）和 SA_4（法律和制度保障），系数分别为 0.695、0.659。

在情景正常方面，购物平台有能力对消费者提供良好的服务，$NORM_3$（购物平台服务顺畅）最为显著，系数为 0.85；其次是 $NORM_2$（消费者的可信度），系数为 0.727，购物平台也相信消费者不会采取恶意行为来损害购物平台的利益；最后为 $NORM_1$（购物平台的可信度），系数为 0.654，代表购物平台的运营管理是值得信任的。

在购买意愿的各项因素中，PI_1（购买可能性）最为显著，系数为 0.798；其次是 PI_3（优先购买原则），系数为 0.75；最后是 PI_2（价格因素，即实体店与购物平台价格差异），系数为 0.658.

在流程集成度中，INT_3（实体店与购物平台合作、妥善处理问题）最为显著，系数为 0.833；之后是 INT_1（线上和线下信息传递的准确性），系数为 0.768；最后是 INT_2（实体店和购物平台在服务客户和完成销售额方面有着共同的目标），系数为 0.623。

在信任转移的各项因素中，OT_3（购物平台有能力和意愿提供可靠服务）最为显著，系数为 0.83，说明消费者相信购物平台具备经营能力，并有意愿长期提供可靠的服务；其次为 OT_2（诚信交易记录），系数为 0.751，说明消费者之前的购物体验，无论是实体店购物经验，还是购物平台消费经历，都有利于消费者信任转移；最后为 OT_1（对购物平台的倾向性），系数为 0.709，说明消费者选择信任永辉超市购物平台，具有信任倾向。

综上所述，假设和路径得到了数据的有效验证。

5.3.6　在线信任转移实证研究结论

基于 Mayer 信任模型和 Zucker 制度信任理论，本书从实体店信任、购物平台能力、完整、善意、结构保障、情景正常、购买意愿、流程集成度 8 个维度，构建了信任转移模型。以永辉超市购物平台为调研主体，以消费者为调查对象，以调查问卷的方式收集数据，采用 SPSS 统计和分类 Logistic 分析工具，实证研究了消费者将购买行为从实体店永辉超市转移到购物平台京东到家的影响因素，验证了购物平台能力和结构保障对信任转移的影响机制及路径。研究结果表明，购物平台能力对信任转移的影响最为显著，其次是结构保障，之后分别是购物平台的完整性、流程集成度、购买意愿和实体店信任；实体店信任、购物平台能力、完整、结构保障、购买意愿、流程集成度均与信任转移正相关；情景正常和善意对信任转移不存在显著影响。

第一，验证了购物平台能力对信任转移的影响最为显著。在能力的各项因子中，购物平台易操作性和购买流程顺畅十分显著，其次是商品的在线评论和好评度、清晰的图片和文字说明，最后是运费减免、全面的产品信息和及时送货。对于购物平台而言，客户对于操作性和顺畅性的体验非常敏感，需从设计和技术上有所突破。上述数据可见消费者对消费体验的重视。运费减免及送货及时的影响程度已经降低，消费者对价格不再格外敏感，这也是新的消费理念发展趋势。另外，在线评论的研究验证了部分国内学者之前的研究结果。

第二，结构保障与信任转移显著正相关。进一步验证了关于结构保障影响信任的研究成果，反映了消费者对购物平台环境和结构的感知，强调了采取措施确保消费者资金安全、技术保障、隐私安全，从而使消费者顺利转移信任的重要性。因此，购物平台应考虑加强技术研发和新技术使用，进一步保护消费者权益。

第三，实体店信任显著影响在线信任，这一点在过去的研究中已经验证，而在本书中，进一步验证了实体店信任也是信任转移到购物平台的决定因素之一。在对购物平台比较陌生的情况下，消费者通常会依赖于他们在实体店的消费体验，作为建立购物平台信任的来源。由此可见，为推动新零售业和电子商务发展，商家需要借助于购物平台，同时结合多渠道的商务模式。纯电子商务和纯实体店的模式将被逐步淘汰，线上、线下、物流、数据、技术的完美结合，将诞生一种新的零售形态，进而影响商业的变革，影响供应链的变革和供给侧的改革。

第四，不同于部分国外学者的研究结论，本研究数据表明，情景正常对信任转移不存在显著影响，与制度信任因素中的情景正常不相符合；同时，善意也不能显著影响信任转移。这两点研究成果反映了在中国特色虚实结合的购物平台环境下，情景正常和善意这两类软性的因素不能成为消费者首要考量的内容，消费者更多地关注购物平台的可操作性、实用性、安全性。

本研究通过 417 份对永辉超市购物平台的调查问卷，运用 SPSS 进行描述性统计分析、信效度检验、验证假设模型，通过多分类 Logistic 回归验证了相关假设，探讨了信任转移从实体店转移到购物平台的影响因素，发现购物平台能力和结构保障对信任转移有显著影响，这对于移动商务系统的设计、政策制定及平台快速提高在线消费者转化率具有理论和实用价值。本研究存在几点局限性。首先，本研究仅对信任转移展开，随着智能移动设备的普及，购物平台碎片化特性、更符合消费场景化的优势等使消费者不断向购物平台转移，移动平台需持续加强管理运营，不断提高用户转化率、留存率、复购率，而留存率和复购率在本书中尚未涉及，有待于进一步的研究。其次，本模型仅研究了几个影响信任转移的重要因素，随着技术和消费习惯的发展，必将存在其他影响因素，可在后续研究中加以验证。

5.4　消费者自身因素对信任转移的影响研究

目前，对消费者信任的动态变化中存在的性别差异影响，有学者进行了初步探索，但基于由实体店到同一品牌购物平台，性别差异对信任转移的影响尚未有深入研究，同时，国外学者对性别差异是否影响消费者信任也存在着明显的分歧；关于购物经验对信任的影响研究相对较多，具体到子变量对信任转移存在的影响仍有研究空间；关于收入水平对渠道间信任转移的影响国内外研究相对较少。

本章前文探索了影响购物平台信任转移的因素。本节仍以永辉超市购物平台为调研主体，进一步分析消费者自身因素对购物平台信任转移的影响。我们采用调查问卷的方式，运用 SPSS 和 Logistics 分析方法，研究性别差异对信任转移的影响；对购物经验（分为购物年限和购物频率两个方面）和收入水平是否显著影响信任转移，本研究做出了探索性的尝试。

5.4.1　消费者自身因素分类和假设提出

Lee 和 Turban（2001）将信任作为在线消费者进行交易的中介变量，认为信任包含 4 项主要因素，包括买方对在线卖方的可信任度、买方对在线消费环境的信任感、安全因素如第三方认证以及其他的安全保障方法、个人的信任倾向即消费者自身因素。McKnight 等（2002）等指出，在交换关系中，一个重要的考虑因素是愿意进行交换的对象，而信任在决定跟谁交换中起决定性作用。

信任转移是逐步认知的进程和构建信任的机制，根据信任目标相关的实体或企业信息产生信赖，该认知过程被称为信任转移。近年来，信任转移已成为国外学术界研究热点，研究发现消费者对一个渠道的信任程度将影响同一品牌其他渠道的信任感知。Kuan 和 Bock（2007）发现消费者对实体店的信赖或许可以明显影响网络平台信任。Hahn 和 Kim（2009）在此基础上，提出实体店信任可用于预测消费者使用企业购物平台搜索产品的意愿，该意愿和在线消费信心正向影响消费者的购买意愿。Badrinarayanan 等（2012）基于评价性条件反射理论，实证消费者对实体店的态度正向影响其对在线平台和供应商的态度，其信任也正向影响在线信任。Gefen 等（2003）认为消费者依据技术信任和商家信任来决定其购买决策，结构保障和情景正常也对信任产生重要影响；消费者自身因素，如收入、性别、年龄、工作背景、受教育程度等人口因素，会导致消费者形成不同的购买倾向和购买意愿，进而影响信任从实体店到购物平台的转移。

在性别差异的研究方面，Dittmar 等（2004）指出消费者的性别和个体差异致使对相同事物的认知也会截然不同，性别差异被认为是个体差异的主要因素。不同性别的消费者在消费心理和购买决策上具有不同特征，男性对待购物的态度是务实的，女性则容易具有情绪化的倾向。男性和女性在进行口碑传播时也存在着差别，Mulac 等（1998）提出女性进行意见交换时更倾向于感情化。Gefen 等（2003）研究认为，女性分享自己的体验，以期得到他人的赞扬，更多展现的是情感需求的社会表现；男性的沟通交流则更倾向于信息互换，首要是为了晋升社会地位和对别人的影响力。Awad 和 Ragowsky（2008）分析了信任传播过程中，男性是为了展示本身的知识面和能力，取得对方的认同而发布信息，女性则是为了与别人分享喜悦，达到自我完善及互惠，因此可以看出性别差异导致建立信任及信任传播存在差异。Rogers（2003）的研究结果表明，相对于男性消费者，女性消费者较容易受到感情和当时情绪因素的影响；消费者满意正是消费者在与网络商家进行愉悦而便捷的交互中，逐渐积累的一种对网络商家及其网络平台的积极情感反馈。因此，Shankar 等（2003）提出，相对于男性消费者，女性消费者对购物平台及商家满意度将更大程度地影响其对网络商家信任水平的提高或降低。然后，Lewicki 等（2006）研究发现，在消费者与卖家的关系承诺阶段，性别差异的影响作用并不显著，消费者更看中卖家的经营能力与行为善意。在线消费者和卖家达成较高水平的关系承诺之后，双方建立持续信任，消费者的行为和态度更加忠诚，形成一种稳定的行为意向，这时的消费者性别差异已不显著。

关于购物经验的相关研究，Zucker（1986）提出信任来源于消费者的消费经验或以前的交易行为，或基于消费对象自身背景而产生的信任感，也基于第三方认证、法律法规等制度信任。Gupta 等（2004）根据消费者购买决策过程，探讨了消费者特征与渠道迁移行为之间的关系，发现渠道风险的感知、努力程度、搜索信息的成本、时间成本、搜索过程等因素将影响消费者渠道的迁移行为。基于多层面特征模型，Kim 等（2005）提出了消费者建立信任的前因，认为信任的前因包括经验、认知、情感和个性化差异，以此影响信任和对网络购物的风险意识。国内学者发现购物平台的结构保障和供应商因素对在线信任具有显著的正向影响，因此，消费者的购物体验即对购物平台保障和供应商的消费体验将显著影响在线信任，也将影响自身的购物频率。在对信任的进一步迭代研究中，Lewick 和 Bunker（1996）提出信任的迭代演化可分为 3 个阶段，分别是基于计算的信任、基于常识的信任和基于认同的信赖。同时，Sing（2000）按照时间节点，将信任分为购买前信任和购买后信任，指出潜在消费者依据间接经验做出是否信任及购买决策，老用户则依靠自身交易经验。

在收入差异对信任的研究方面，国内外实证研究相对较少，Uslaner（2003）研究了个体特征对信任水平的影响，包括收入水平、性别差异、教育背景、宗教信仰等。Alesina（2002）和 Ferrara（2002）研究得出收入少、女性、受教育程度低、少数族裔等的信任水平较低；在性别差异上，男性比女性拥有更高的信任水平。Delhey 和 Newton（2005）提出收入高低造成信任水平的差异，个体的社会经济条件越好，社会信任度越高。

综合上述文献，本书提出了如下假设：

H_9：在线消费者的性别差异对信任转移具有显著的正向影响。

H_{10}：在线消费者的购物年限与信任转移正相关。

H_{11}：在线消费者的购物频率对信任转移具有显著的正向影响。

H_{12}：在线消费者的收入水平显著正向影响消费者的信任转移。

5.4.2 研究数据的收集

2020 年，通过前往京东集团总部进行管理层访谈、对接永辉超市北京区域负责人，采用发放调查问卷的方法，以永辉超市购物平台为调研主体，在电子商务环境下研究消费者信任从实体店转移到购物平台的消费者自身因素，包括性别差异、购物年限、购物频率、收入水平。然后通过管理层访谈对量表进行预测试，增加了部分量表，并请专家进一步修改完善。在预调研中对收集回来的数据使用 SPSS 软件进行了探索性因子分析，删除部分题目形成了最终测量量表。

最终收集调查问卷 417 份，调研对象主要为 18～49 岁的消费者（占比 93%），男女概率为 1∶2，受教育程度本科及以上的占 70%，购物年限 2～8 年的占 77%，月均购物频率为 3～6 次的占 49%，月收入 2000～6000 元的占 44%。使用 SPSS 软件对样本进行描述性统计分析（表 5.7），并计算最大值、平均值、标准差、偏度和峰度，其中偏度绝对值小于 1，峰度绝对值小于 2，数据呈正态分布。

表 5.7　描述性统计

变　量		个案数/个	百分比/%
性别	男	147	35.30
	女	270	64.70
年龄	0～17 岁	5	1.20
	18～29 岁	243	58.30
	30～39 岁	83	19.90
	40～49 岁	64	15.30
	50～59 岁	16	3.80
	60 岁及以上	6	1.40

续表

变 量		个案数/个	百分比/%
受教育程度	小学	8	1.90
	初中或高中	44	10.60
	大专	69	16.50
	本科	242	58.00
	研究生及以上	54	12.90
购物年限	无	13	3.10
	2 年以内	81	19.40
	2～5 年	160	38.40
	5～8 年	101	24.20
	8 年以上	62	14.90
购物频率	1～2 次/月	158	37.90
	3～4 次/月	147	35.30
	5～6 次/月	59	14.10
	7～8 次/月	20	4.80
	9 次及以上/月	33	7.90
收入水平	2000 元及以下	176	42.20
	2001～5000 元	111	26.60
	5001～8000 元	71	17.00
	8001～10000 元	26	6.20
	10000 元以上	33	7.90
信守承诺	完全不同意	9	2.20
	不太同意	23	5.50
	略微不同意	24	5.80
	不确定	69	16.50
	略微同意	46	11.00
	比较同意	206	49.40

5.4.3　卡方和多分类 Logistic 回归分析

1. 卡方分析

由于本问卷为量表形式，需要对数据进行转换。我们将信任得分的前27%设置为没有发生信任转移，记作0；信任得分的后27%作为发生信任转移，记作1；中间的信任得分由于没有较好的区分度，将不具有区分度的样本删掉。因此，接下来的分析，未发生信任转移的为119人，发生了信任转移的为88人，总样本量为207人。

卡方检验作为非参数测验，经过比对两项或多项频数，目标是检测在一定显著性程度上实际频数与某理论模型或分布特征假设为基础的期望频度的差异。卡方检验的运用领域非常广泛，前提为拥有足够大的样本量，使得在零假设下通过多元的正态中心极限定理来保证检验统计量有渐近的皮尔逊卡方分布。皮尔逊卡方统计量由统计学家皮尔逊于1899年提出，用于检验实际分布与理论分布配合水平，统计配合度检验的值。它是由各项实际观测次数 f_o 与理论分布次数 f_e 之差的平方除以理论分布次数，然后再求和而得出的，其计算公式为：

$$X^2 = \sum \frac{(f_o - f_e)^2}{f_e}。 \tag{5.1}$$

运用 SPSS 作为卡方检验的工具，将性别差异、购物时间、购物频率、收入水平逐一进行卡方检验。在性别差异的研究中，检验统计量值为4.784，自由度为1，双侧渐进显著性为0.029（表5.8）。

表5.8　性别差异卡方检验

类　别	值	自由度	渐进显著性（双侧）
皮尔逊卡方	4.784[a]	1	0.029
连续性修正[b]	4.154	1	0.042
似然比	4.868	1	0.027
费希尔精确检验线性关联	4.761	1	0.029

a. 0 个单元格（0.0%）的期望计数小于5。最小期望计数为29.33。

b. 仅针对 2×2 表进行计算。

在购物时间的卡方检验中，检验统计量值为17.241，与卡方分布符合较好，自由度为4，双侧渐进显著性为0.002（表5.9）。

表5.9　购物时间卡方检验

类别	值	自由度	渐进显著性（双侧）
皮尔逊卡方	17.241[a]	4	0.002
似然比	17.599	4	0.001
线性关联	14.598	1	0.000

a. 2 个单元格（20.0%）的期望计数小于 5。最小期望计数为 2.98。

在购物频率的卡方检验中，检验统计量值为 18.589，与卡方分布符合较好，自由度为 4，双侧渐进显著性为 0.001（表 5.10）。

表5.10　购物频率卡方检验

类　别	值	自由度	渐进显著性（双侧）
皮尔逊卡方	18.589[a]	4	0.001
似然比	19.053	4	0.001
线性关联	12.085	1	0.001

a. 0 个单元格（0.0%）的期望计数小于 5。最小期望计数为 5.10。

对于收入水平的卡方检验，检验统计量值为 16.037，与卡方分布符合较好，自由度为 4，双侧渐进显著性为 0.003（表 5.11）。

表5.11　收入水平卡方检验

类　别	值	自由度	渐进显著性（双侧）
皮尔逊卡方	16.037[a]	4	0.003
似然比	17.821	4	0.001
线性关联	13.733	1	0.000

a. 1 个单元格（10.0%）的期望计数小于 5。最小期望计数为 4.68。

2. 多分类 Logistic 回归分析

信任转移是将消费者从实体店转移到购物平台的关键。基于对永辉超市实体店的消费体验和信任，京东到家购物平台的结构保障和情景正常因素、信任产生的前因、商家虚实结合的流程集成度和消费者购买意愿将影响消费者对购物平台的感知和购买决策。运用多分类 Logistic 回归分析，进一步分析性别差异、购物年限、购物频率和收入水平对信任转移的影响。多分类 Logistic 回归常用于研究多值响应变量与影响因素之间的关系，是二分类 Logistic 回归技术的延伸。Logistic 模型由极大似然法求解。似然值实际上是一个概率，取值在 0～1 之间。极大似然值为 1，说明模型很好，得出其对数似然值 ln 1 = 0，所以能够根据 −2 倍的 −2 Log-likelihood 对数似然值来验证模型拟合状况，其对数似然值越小，则模型拟合得越好。

Logistic 回归分析各影响因素和信任转移之间有无交互作用，通常做法为先拟合单独主效应的模型情况，其次拟合有主效应和交互作用的模型情况，最后求得似然比值和似然比卡方值。经过系统的分析和比较，参数估算值见表 5.12，可见性别的显著性为 0.256，大于 0.05，说明性别差异对信任转移的影响不显著，H_9 未得到有效验证；购物时间和购物频率的显著性均为 0，说明两者显著影响信任转移，H_{10} 和 H_{11} 得到验证；收入水平的显著性为 0.636，大于 0.05，说明收入水平不能显著影响信任转移，H_{12} 不成立。

表 5.12　似然比检验

效应	简化模型的 −2 对数似然	似然比检验		
		卡方	自由度	显著性
截距	91.891	0.000	0	0
性别	93.179	1.288	1	0.256
购物时间	123.724	31.833	4	0.000
购物频率	113.502	21.611	4	0.000
收入水平	94.440	2.549	4	0.636

进一步分析，由表 5.13 中可以观察到，变量性别差异的显著性为 0.261，大于 0.05，说明其不显著。购物经验的各变量中，除了购物年限的第 4 个选项显著性为 0.180，大于 0.05，其他各选项的显著性均小于 0.05，其变量回归系数具有良好的显著性，验证了购物年限的显著性。购物频率的 1、2、3、5 选项的显著性均小于 0.05，其变量回归系数具有良好的显著性，验证了购物频率对信任具有显著性影响。收入水平的各选项显著性均明显大于 0.05，说明收入水平不能显著影响信任转移。具体假设验证结果如表 5.14。

表 5.13　参数估算值

分类	B	标准误差	瓦尔德系数	自由度	显著性	Exp（B)	Exp（B)的 95% 置信区间	
							下限	上限
[性别 = 1.00]	-0.746	0.664	1.262	1	0.261	0.474	0.129	1.743
[性别 = 2.00]	0	0	0	0	0	0	0	0
[购物年限 = 1.00]	-7.325	1.886	15.089	1	0.000	0.001	1.635E-5	0.027
[购物年限 = 2.00]	-3.971	1.155	11.814	1	0.001	0.019	0.002	0.181
[购物年限 = 3.00]	-2.500	0.889	7.907	1	0.005	0.082	0.014	0.469
[购物年限 = 4.00]	-1.120	0.835	1.798	1	0.180	0.326	0.063	1.677
[购物年限 = 5.00]	0	0	0	0	0	0	0	0
[购物频率 = 1.00]	-3.159	1.120	7.954	1	0.005	0.042	0.005	0.381
[购物频率 = 2.00]	-3.614	1.212	8.895	1	0.003	0.027	0.003	0.290
[购物频率 = 3.00]	-3.887	1.264	9.462	1	0.002	0.020	0.002	0.244
[购物频率 = 4.00]	0.757	1.622	0.218	1	0.641	2.132	0.089	51.260
[购物频率 = 5.00]	0	0	0	0	0	0	0	0
[收入水平 = 1.00]	-0.823	1.632	0.254	1	0.614	0.439	0.018	10.762
[收入水平 = 2.00]	0.036	1.720	0.000	1	0.984	1.036	0.036	30.148
[收入水平 = 3.00]	-1.402	1.806	0.603	1	0.438	0.246	0.007	8.476
[收入水平 = 4.00]	-1.213	2.415	0.252	1	0.616	0.297	0.003	33.819
[收入水平 = 5.00]	0	0	0	0	0	0	0	0

表 5.14　假设检验结果

假设	内　容	是否成立
H_9	在线消费者的性别差异对信任转移具有显著的正向影响	不成立
H_{10}	在线消费者的购物年限与信任转移正相关	成立
H_{11}	在线消费者的购物频率对信任转移具有显著的正向影响	成立
H_{12}	在线消费者的收入水平显著正向影响消费者的信任转移	不成立

5.4.5　消费者自身因素的实证研究结论

研究结果表明：在中国电子商务市场环境下，消费者将信任从实体店转移到购物平台的过程中，性别差异对信任转移不存在显著的正向影响，购物年限和购物频率则显著影响信任的转移，收入水平对信任转移也不存在显著的影响。

第一，就国内外有争议的性别差异对信任转移的影响问题，研究发现性别差异不能显著正向影响信任转移，该结论印证了 Lewicki 的研究结果，与其他文献综述中研究结论不一致。分析认为在信任从实体店到购物平台的转移过程中，消费者基于在永辉超市实体店的购买历史和购买经验，产生对永辉超市品牌的信任，继而对超市购物平台的能力和善意产生信任，从而顺畅地将消费行为转移到购物平台上。因此，在结论中性别差异的影响不显著也是合理的。

第二，在购物经验的研究中，在中国电子商务的大环境下，研究结果与国外学者一致，验证了消费者的信任基于消费对象自身背景，在有实体店购买经验后，老用户依靠自身交易经验来决定是否做出消费渠道的信任转移。消费者的购物经验，包括购物历史、购物频率、购物体验等显著地影响渠道间的信任转移。

第三，就收入水平的差异对信任转移的影响方面，国内外研究相对较少。个别学者认为收入越高信任度越高，收入越少则信任水平越低。本研究发现收入水平对信任转移影响并不显著。基于研究对象为永辉超市，消费对象主要是日常生活用品，使用频率较高，单价相对较低，总价相对不高，所以无论消费者收入高低，对信任转移的影响并不显著。

5.5　本章小结

本章研究了消费者将购买行为从实体店转移到购物平台的影响因素和路径，及消费者自身因素对信任转移的影响。基于 Mayer 信任模型和 Zucker 制度信任理论，从实体店信任、购物平台能力、完整、善意、结构保障、情景正常、购买意愿、流程集成度等 8 个维度，构建了实体店到购物平台的信任转移模型。运用 SPSS 进行描述性统计分析、信效度检验，验证了假设模型，通过多分类 Logistic 回归验证了相关假设。研究发现：实体店信任、购物平台能力、完整、结构保障、购买意愿、流程集成度均与信任转移正相关，其中影响最为显著的因素是购物平台的能力，其次是结构保障。在购物平台能力的各项因子中，购物平台易操作性和购买流程顺畅的影响十分显著，其次是商品的在线评论和好评度、清晰的图片和文字说明；在结构保障的各项因子中，资金安全、技术保障、隐私安全存在显著的正向影响。但是，研究数据表明，情景正常对信任转移不存在显著影响，与制度信任因素中情景正常的研究结论不一致；同时，善意也不能显著影响信任转移。研究反映了在中国特色虚实结合的购物平台环境下，购物平台能力和结构保障对信任转移的影响程度和路径，对于移动商务系统的设计、政策制定及购物平台快速转化消费者具有理论价值和实践指导意义。

本研究通过研究消费者将信任从永辉超市实体店转移到购物平台的过程中，消费者自身因素中性别差异、购物年限、购物频率和收入水平与信任转移的关系，实证研究了消费者自身因素对渠道间信任转移的影响和作用。研究结果表明：在中国电子商务市场环境下，消费者将信任从实体店转移到购物平台的过程中，性别差异对信任转移不存在显著的正向影响，这为国外相关研究分歧提供了实证；购物年限和购物频率显著影响信任转移，消费者依靠自身交易经验来决定是否做出消费渠道的信任转移；消费者的收入水平对渠道间信任转移不存在显著的正向影响。

本研究存在几点局限性。首先，本研究仅对信任转移开展。随着智能移动设备的普及，加上购物平台的碎片化特性及其更符合消费场景化的优势，消费者不断向购物平台转移，需持续加强管理运营，不断提高用户转化率、留存率、复购率，而留存率和复购率在本书中尚未提及，有待于进一步的研究。其次，本模型仅研究了几个影响信任转移的重要因素。随着技术和消费习惯的发展，必将存在其他影响因素，可在后续研究中加以验证。另外，在消费者自身因素研究中，研究目标和目标人群存在一定局限性，可能会影响研究的效度。未来研究可基于不同领域的研究对象分析消费者自身因素对信任转移的影响，在有效借鉴国外研究成果的同时，考虑中国发展特色，结合国家和地区间的数据结果进行横向比较，增强理论解释力。

第 6 章

购物平台消费者的
信任机制研究

信任机制涉及在线消费相关信用主体之间的关系，以及规范各主体在线消费的行为和信任关系的运行机制。本章中的信用主体包括购物平台、供应商、消费者三方，同时涉及保险公司和物流公司。同时，信任机制也为交易各方最大限度地发挥其利益提供了指导。为了规范市场行为，相关信用主体之间的信任已成为可测量的指标。国内外学者对在线消费者的信任机制进行了不同角度的探讨，研究了基于消费者感知的在线交易信任机制，或从法律、技术等方面分析了信任机制的建立；也有学者研究了消费者持续信任的形成机制。购物平台环境下的信任问题可以通过建立机制的方式得以解决，在不需要深入了解供应商的信用状况情况下，第三方支付、信用保证、平台保障可以促进消费者建立信任。

成本最低的信任机制是最为有效的信任机制，通过购物平台间的自由竞争也会产生成本最优的信任机制，但设计新的有效信任机制是必然的研究趋势。Lewicki 和 Bunker（1996）将信任的发展划分为不同层次的渐进的 3 个阶段，即基于共识的信任、基于知识的信任和基于威慑/计算的信任。本书的实证研究模型从消费者、购物平台、供应商 3 个方面研究了建立和转移信任的影响因素，这些影响因素也从属于基于了解、知识/技术、威慑进而达成共识。因此，根据本书的理论研究、实证研究结果以及 Lewicki 和 Bunker（1996）对信任机制的划分，本章研究购物平台环境下消费者的了解型、技术型、威慑型信任机制的构建，并对购物平台苏宁易购的信任机制进行分析。

6.1　了解型信任机制的建立

在合作过程中，通过正式和非正式的信息交换，交易平台的双方继续增进相互理解，双方都能理解和预测彼此的行为。随着时间的推移，购物平台界面和内容持续稳定地向消费者展示商品，虚拟社区搭建完善，消费者则会对购物平台产生持续信任。消费者通过使用购物平台和重复购买行为逐渐在购物平台上形成较强的信任感，并增加对该购物平台的依赖性，对其他购物平台产生排他性，逐步提高在该购物平台消费的频率和消费额度。

6.1.1　构建基于购物平台界面和内容的信任机制

1. 购物平台界面和内容对信任机制的影响

优化界面设计，向消费者提供有效的信息传输和提高舒适度有利于建立信任。购物平台丰富了消费者的购物选择，作为电子商务的主要模式，其页面设计与在线消费者进行直接信息交换，因此界面设计的优化至关重要。随着购物意识的发展，消费者的购物行为不仅是商品或服务的获取，而且是一种愉快的交易过程。为了给消费者一个更愉快和简洁的购物体验，购物平台需要充分考虑到现代消费者的购物需求，网站界面交互设计应简洁、美观、实用，有助于提升消费者体验，更好地促进交易。首先，碎片化时间导致更快的信息浏览，因此需要更有效的信息传输，以使消费者第一时间获得所需的主要信息如商品参数、销售价格、促销信息、在线评论等。其次，舒适度对信任和交易也会产生正面影响，优化界面设计，改进界面设计，提高消费者在购物平台交易时的舒适度，有助于建立信任。

平台内容的研究，如内容指标、可用性变量、多种语言、社会责任、可持续性等，有利于购物平台建立消费者信任。García 等（2017）研究分析了 754 家公司如何通过网站提供内容的可用性，确定内容指标和可用性变量。这些指标标志着每一组网站之间的差异，成为衡量网站质量的工具和决定性因素。购物平台的内容不仅影响购物平台的对外形象，而且内容和可用性构成了消费者建立信任、促成消费的决定性因素。针对跨国购物平台，如果提供不同的语言版本，则该内容的传播将达到更广泛的消费者。如果不以其他语言提供内容，很多访问者可能无法理解该内容，事实上这是跨国购物平台的主要障碍之一。同时，购物平台上社会责任内容的存在传递了购物平台所拥有的价值，而这些价值超越了由其性质或活动本身可能简单预期的价值，它清楚地表明了平台对周围社会的承诺，如公益捐助等。另外，Dade 和 Hassenzahl（2013）研究了可持续性的交流，在进行内容分析时很少有决策者将可持续性作为重要概念纳入其在线交易。

基于上述两个方面的研究，通过线性回归方法，进一步研究在线信任（online trust，OT）的信任机制，可预测出未来购物平台交易中对平台界面和内容的依赖程度。为了更好地研究购物的界面和内容的整体信任水平，本节将对涉及界面和内容的信任趋势（trust trend of web and content，TTWC）、界面和内容的一致性水平（level of web and content，LWC）等指数进行回归分析。

TTWC 用于预测购物平台长期的界面和内容的可信度。当消费者需要选择不同的购物平台时，这个指数将对消费者的决策产生影响。正常情景下，在线消费者倾向于选择信任趋势较高的一方。LWC 用于向消费者展示一定时期内购物平台界面和内容水平的一致性。当购物平台显示出相同的可信度和信任趋势时，在线消费者倾向于选择一致性程度高的购物平台。

2. 信任机制的回归分析

本书将建立基于购物平台界面和内容的信任机制，进一步研究购物平台的在线信任、界面和内容的信任趋势、界面和内容的一致性水平。

（1）在线信任（OT）。通过一个周期内购物平台界面和内容计算信任值，并对不同时期的界面和内容赋予不同的权重。对在线信任值（T_{OT}）计算如下：

$$T_{OT} = \frac{\sum\limits_{i=1}^{n} w_i c_i}{\sum\limits_{i=1}^{n} w_i}。 \tag{6.1}$$

式中：w_i 是在时间 i（$i = 1, L, n$）的界面和内容 c_i 的权重。

（2）界面和内容的信任趋势（TTWC）。信任趋势是指在一段时间购物平台界面和内容的信任变化趋势，这个趋势体现为上升趋势、下降趋势、前后一致及不确定性。通过最小二乘线性回归方法，来计算 TTWC 值（T_{TTWC}）。结合上文对 OT 的研究，对 TTWC 运用加权最小二乘线性回归方法进行计算，从已知数据中计算最佳拟合直线，其特征为加权残差的平方和最小值，残差是各个数据点到该条拟合直线的距离。TTWC 值则为该回归线的斜率。

设（t_1, c_1），（t_2, c_2），L，（t_n, c_n）表示一定时期内的数据点，c_i 是在时间 t_i 上的网页界面和内容情况。回归线可用如下公式表示：

$$c = \beta_0 + \beta_1 t。 \tag{6.2}$$

从点（t_n，c_n）到回归线的距离为：

$$d_i = \frac{|c_i - \beta_0 - \beta_1 t_i|}{\sqrt{1 + \beta_1^2}}。 \tag{6.3}$$

定义 1：基于加权最小二乘法，距离的平方和公式为：

$$D = \sum_{i=1}^{n} w_i^2 d_i^2 = \sum_{i=1}^{n} \frac{w_i^2 (c_i - \beta_0 - \beta_1 t_i)^2}{1 + \beta_1^2}。 \tag{6.4}$$

通过 β_0、β_1 来使距离的平方和最小，用距离平方和 D 分别对 β_0 和 β_1 进行求导，并令求导公式等于 0：

$$\frac{\partial D}{\partial \beta_0} = -2 \sum_{i=1}^{n} \frac{w_i^2 (c_i - \beta_0 - \beta_1 t_i)}{1 + \beta_1^2} = 0。 \tag{6.5}$$

$$\frac{\partial D}{\partial \beta_1} = -2 \sum_{i=1}^{n} \frac{w_i^2 (c_i - \beta_0 - \beta_1 t_i)(\beta_1 c_i - \beta_0 \beta_1 + t_i)}{(1 + \beta_1^2)^2} = 0。 \tag{6.6}$$

由于 $1 + \beta_1^2 > 0$，可将式（6.5）和式（6.6）简化为：

$$\sum_{i=1}^{n} w_i^2 (c_i - \beta_0 - \beta_1 t_i) = \sum_{i=1}^{n} w_i^2 c_i - \beta_0 \sum_{i=1}^{n} w_i^2 - \beta_1 \sum_{i=1}^{n} w_i^2 t_i = 0, \tag{6.7}$$

$$\sum_{i=1}^{n} w_i^2 (c_i - \beta_0 - \beta_1 t_i)(\beta_1 c_i - \beta_0 \beta_1 + t_i)$$

$$= \beta_1 \sum_{i=1}^{n} w_i^2 c_i^2 - 2\beta_0\beta_1 \sum_{i=1}^{n} w_i^2 c_i + \sum_{i=1}^{n} w_i^2 c_i t_i + \beta_1 \beta_0^2 \sum_{i=1}^{n} w_i^2 - \beta_0 \sum_{i=1}^{n} w_i^2 t_i$$

$$- \beta_1^2 \sum_{i=1}^{n} w_i^2 c_i t_i + \beta_0 \beta_1^2 \sum_{i=1}^{n} w_i^2 t_i - \beta_1 \sum_{i=1}^{n} w_i^2 t_i^2 = 0。 \tag{6.8}$$

由式（6.7）和式（6.8）可以求得 β_0：

$$\beta_0 = \frac{\sum_{i=1}^{n} w_i^2 c_i - \beta_1 \sum_{i=1}^{n} w_i^2 t_i}{\sum_{i=1}^{n} w_i^2}, \tag{6.9}$$

将 β_0 的值带入式（6.7）并整理得：

$$\beta_1^2 + \beta_1 \frac{\sum_{i=1}^{n} w_i^2 c_i^2 \sum_{i=1}^{n} w_i^2 - \sum_{i=1}^{n} w_i^2 t_i^2 \sum_{i=1}^{n} w_i^2 + \left(\sum_{i=1}^{n} w_i^2 t_i\right)^2 - \left(\sum_{i=1}^{n} w_i^2 c_i\right)^2}{\sum_{i=1}^{n} w_i^2 t_i \sum_{i=1}^{n} w_i^2 c_i - \sum_{i=1}^{n} w_i^2 c_i t_i \sum_{i=1}^{n} w_i^2} - 1 = 0。$$

$$\tag{6.10}$$

可得 $T_{\text{TTWC}} = \beta_1$。

（3）界面和内容的一致性水平（LWC）。LWC 研究一段时期内购物平台展示给消费者的界面和内容的一致性。这个一致性可能存在多种情况，包括完全不一致、相对一致和完全一致。

定义 2：回归线的预测表达式如下：

$$c(t_i) = \beta_0 + \beta_1 t_i。 \tag{6.11}$$

定义 3：根据原则 1，加权平均距离公式为：

$$c_{\text{dis}} = \frac{\sum_{i=1}^{n} w_i |c_i - c(t_i)|}{\sqrt{1 + \beta_1^2} \sum_{i=1}^{n} w_i} = \frac{\sum_{i=1}^{n} w_i |c_i - (\beta_0 + \beta_1 t_i)|}{\sqrt{1 + \beta_1^2} \sum_{i=1}^{n} w_i}。 \tag{6.12}$$

根据原则 2，LWC 值（T_{LWC}）是加权平均距离 c_{dis} 的单调递减函数，则 LWC 值的计算公式如下：

$$T_{\text{LWC}} = 1 - 2 c_{\text{dis}} = 1 - 2 \frac{\sum_{i=1}^{n} w_i |c_i - (\beta_0 + \beta_1 t_i)|}{\sqrt{1 + \beta_1^2} \sum_{i=1}^{n} w_i}。 \tag{6.13}$$

（4）界面和内容的信任向量。通过上述分析可推导出购物平台向消费者所展示的界面和内容的信任向量。

定义 4：界面和内容定义向量 $\overline{T}$ 由 T_{OT}、T_{TTWC} 和 T_{LWC} 组成：

$$\overline{T} = \{T_{OT}, T_{TTWC}, T_{LWC}\}。 \tag{6.14}$$

假设在购物平台上有C_1和C_2两位在线消费者，其信任向量分别为：$\overline{T}_1 = \{T_{OT_1}, T_{TTWC_1}, T_{LWC_1}\}$和$\overline{T}_2 = \{T_{OT_2}, T_{TTWC_2}, T_{LWC_2}\}$。

如果$T_{OT_1} = T_{OT_2}$，$T_{TTWC_1} = T_{TTWC_2}$，$T_{LWC_1} < T_{LWC_2}$，优先选择C_2，表示为$C_2 > C_1$。

如果$T_{OT_1} = T_{OT_2}$，$T_{LWC_1} = T_{LWC_2}$，$T_{TTWC_1} < T_{TTWC_2}$，优先选择C_2，表示为$C_2 > C_1$。

如果$T_{TTWC_1} = T_{TTWC_2}$，$T_{LWC_1} = T_{LWC_2}$，$T_{OT_1} < T_{OT_2}$，优先选择C_2，表示为$C_2 > C_1$。

通过研究购物平台的在线信任（OT）、界面和内容的信任趋势（TTWC）、界面和内容的一致性水平（LWC）这3个维度，运用最小二乘线性回归方法，建立信任向量并进行计算，分析了基于界面和内容的信任机制。

3. 建设界面和内容的建议

综上所述，建议购物平台加强人性化外观设计、通信感知设计和功能效率设计。

一是强化人性化外观设计原则。购物平台需优化网站界面的交互设计，界面设计需要结合消费者的需求。如消费者越来越多地使用手机登录购物平台，手机的屏幕空间相对较小，所以需要根据手机的特点简化网站界面，去掉冗杂的信息而突出商品关键信息。此外，购物平台的页面设计需要关注消费者的浏览习惯。大多数消费者对消费者界面的需求是简洁、美观的。购物平台可通过分层整理信息，弱化界面元素，强化信息和逻辑联系，通过科学布局，有助于消费者快速选购商品或服务。

二是强化通信感知设计。消费者有其自身的情感需求，所以购物平台需要搭建舒适的界面，尽量减少消费者的认知负担。当消费者第一次进入一个购物平台时，冗余的信息会给消费者带来更多的负面影响。购物平台有必要对信息进行合理的结构设计，将关键信息放置在购物平台主界面，并按层次结构布局其余信息；加强购物平台与消费者的情感交流，突破二维空间的局限性，采用计算机技术对购物的真实自然场景进行模拟，以获得更好的情感交流，使消费者产生实体店购物的真实感。

三是突出平台的差异化优势。购物平台加强在品种、质量和新颖性方面的优势，认真理解消费者的需求和消除不必要的误导，及时掌握消费者关注的信息、提供更优的解决方案和设计丰富的社区活动，为消费者创造良好的体验，积极培养消费者对购物平台的归属感。

四是强化功能效率设计。购物平台应尽力帮助消费者筛选，以快速找到最需要的商品或服务，并根据不同年龄段的用户设计不同的功能，以满足消费者的个性化需求。年轻的消费者对网上购物的需求更高，他们更倾向于货比三家，以寻找自己最需要的产品。年龄大的消费者或工作繁忙的消费者更注重消费的安全性和可靠性。因此，购物平台界面要充分考虑不同人群的需要，进行有针对性的设计，提供多样化的选择。

6.1.2 构建基于虚拟社区的信任机制

1. 虚拟社区对信任机制的影响

虚拟社区在电子商务中扮演着越来越重要的角色，不仅是表达反馈意见的方式，也是获取信息、网民联系和社交网络是重要的工具，对购物平台的影响逐步增强。研究表明，虚拟社区对购物平台消费者的购买意愿有一定的影响。超过80%的中国消费者通过虚拟社区进入购物平台，61.7%的社区消费者在购买商品时，首先会考虑其他已购买该商品的消费者的意见，参考其收到实物或服务后的评论。

虚拟社区成员之间的交易和信息交流可以建立基于共同合作规范的信任。通过成员和社区的信任评估模型，虚拟社区环境中的消费者可以提供信任评估，以帮助其他消费者做出信任判断。

同时，虚拟社区是一个相对松散的群体，消费者聚在一起交流沟通，收集信息和评论。通常，消费者加入虚拟社区以产生初始信任，并且随着成员之间的交互增加，他们对虚拟社区和其他成员逐渐熟悉了，愿意花更多的时间在虚拟社区和购物平台上进行购买。

2. 建设虚拟社区的建议

购物平台在构建虚拟社区时，需强化社区网站特色，突出自己的差异化优势，培养消费者归属感。在构建虚拟社区时，购物平台应提高网站的加载速度和容量，避免错误的页面跳转，提高社区网页的美观性，增强社区功能，清单和分类清晰；社区内容定期更新，过滤垃圾邮件和不良言论，并努力营造积极健康的社区环境；充分利用先进技术保护消费者的个人信息和隐私、支付信息和安全，确保消费者在购物平台交易和支付的财务安全，如附加验证链接和关键信息隐藏，等等。

6.2 技术型信任机制的建立

在合作初期，由于购物平台、消费者、供应商对彼此的信用信息缺乏了解，相互怀疑或机会主义行为是不可避免的。由于交易双方都是理性的,双方都将仔细考虑信任的利益和成本。因此,在线信任是一种以市场为导向的经济计算,其价值取决于销售的利润和维持信任的成本差异,从而防止了不诚实交易的发生。

6.2.1　基于第三方支付的信任机制

1. 购物平台的支付方式具有多样性

随着购物平台的不断发展,支付方式越来越多样化。目前购物平台通常可提供货到付款、银行转账、网银支付、第三方支付、快捷支付等便利的支付方式。以传统方式购物时是面对面地交易,使用现金交易。购物平台出现后,逐渐推动了在线支付的进程。随着电子商务交易的复杂性逐渐增长,不同的电子支付系统和供应商出现,购物平台各支付方式的比较分析如表6.1。

表6.1　购物平台支付方式比较分析

支付方式	操作方式	安全性	转账快捷性
第三方支付	使用支付宝、微信、云闪付等余额或绑定卡支付	由第三方信用平台保障购物和资金安全	实时到账
储蓄卡网银支付	登录网银并使用U盾支付	由U盾保障安全,可能会受到木马攻击	同行实时到账,跨行多工作日
信用卡支付	在支付页面填写信用卡信息,包括卡号、有效期和后三位数字	无卡交易,存在信息泄漏风险	实时到账
快捷支付	未开通网银情况下,只需提供卡号、户名、手机号码等,输入动态口令	无卡交易,存在信息泄漏风险	实时到账

2. 第三方支付主要方式

近年来,支付宝、微信和云闪付等第三方支付成为支付的主要方式。

2003年,淘宝网首次推出支付宝服务。2004年,支付宝从淘宝网分拆独立,逐渐向更多的合作方提供支付服务。自2014年第二季度开始,支付宝已成为全球最大的移动支付厂商,成为中国电子支付领域最值得信赖的支付方式。2019年1月,支付宝全球用户数已超过10亿。

2013年8月5日,微信联合财付通推出新的支付功能,消费者可以通过手机快速完成支付流程,标志着微信支付正式启动。微信支付出现的时间比支付宝滞后,但是微信依靠其庞大的用户量,在短时间内奠定了自己的业务基础。目前,微信支付可以实现扫码支付、信用卡支付、App 应用支付等，并提供红包、优惠代金券、立减优惠折扣等新的营销和促销工具，简化支付流程，向商品供应商和消费者提供收付款及提现服务，以满足不同消费者及商户的不同支付场景。

2017 年 12 月云闪付上线，该支付平台是在中国人民银行的指导下，由中国银联联合各商业银行、支付机构等共同开发、维护和运营的移动支付工具，成为银行业移动支付的统一切入点。云闪付的应用场景越来越丰富，向消费者提供生活便利的各项服务，如公共缴费、手机充值、晒单、开发票、信用卡还款、转账、投资理财、智慧医疗、党费缴纳、税款缴纳、数字校园、工会费缴纳等，本地服务如智慧交通、智慧停车、当地学校的学费缴纳等，海外服务如汇率计算、退税查税、海外用卡、全球礼遇、留学缴费等，还提供快递服务、全民运动、娱乐中心、法律助手、酒店预订等第三方服务，涵盖了消费者生活的方方面面。在财务安全方面，云闪付使用先进的安全技术，改进业务处理规则，引入风险支付、预付款和先行垫付等机制，并提供 72 小时失卡保障，对于消费者出现意外风险的可以迅速赔偿消费者的资金损失，充分保障消费者合法权益。

3. 第三方支付平台的三大作用和结算流程

第三方支付平台具有三大主要作用：一是作为中介，可以促进企业与银行之间的合作。使用第三方支付平台可以降低购物平台的运营成本和供应商的成本，从而降低商品价格，把实惠返还给消费者。二是有助于银行跨行之间的资金清算。目前，我国的在线支付银行卡各自为政、相互独立。如果没有第三方支付平台，消费者要想在各大购物平台进行消费，可能需要持有多张银行卡，并在不同的银行卡之间来回切换。同时，商业网站还必须安装各家银行的认证软件，这将限制在线支付服务的发展。然而，第三方支付平台很好地解决了来回切换银行卡和安装不同认证软件的问题。三是提供增值服务，协助购物平台查询实时交易信息和资金情况，提供便捷及时的收退费服务等。鉴于支付平台是独立的第三方，独立于消费者、供应商、购物平台和银行之外，起到交易双方的资金转移和监管作用，使交易双方都能得到交易的保证。如果供应商和消费者存在交易纠纷，第三方支付平台可以协调解决，以保障双方的权益。

第三方支付结算流程概括如下：①在线消费者浏览购物平台，选择相应的产品，并订购交易。②购物平台自动弹出支付页面，提供多种选择的可能性，如银行卡借记卡、信用卡、第三方支付平台等，在线消费者可以自由选择信赖的第三方支付平台，直接链接到第三方的服务器，下一步再选择理想的支付方式，并点击进入下一页面进行商品支付。③第三方支付平台将依据银行支付网关的技术要求，向相关银行或金融机构发送在线消费者的支付信息。④相关银行或金融机构检验在线消费者支付、冻结、扣除账户的资金能力，并将检验结果信息迅速返回给第三方支付平台，进而由第三方支付平台通知在线消费者。⑤第三方支付平台通知购物平台和供应商支付结果。⑥在收到成功付款通知后，供应商将向在线消费者快递商品或提供服务。⑦各银行或金融机构通过第三方支付平台与购物平台进行资金清算。

4. 第三方支付的一次性博弈和动态博弈分析

假设模型条件如下：

博弈参与人：在线消费者、购物平台上的供应商、第三方支付平台。

在线消费者的策略：信任供应商，从购物平台购买商品或服务；不信任供应商，不发生交易行为。购物平台上的供应商的策略：守信用，发货给消费者；不守信用，不发货给消费者。

收益集合：U 表示消费者从商品中获得的效用，M 为消费者为此支付的金额，C 代表消费者付出的成本。

在没有第三方支付的情况下，假设在线消费者和购物平台上的供应商都是理性的经济人，进行一次性博弈，可以得到支付矩阵（表 6.2）。通过这个支付矩阵，购物平台上的交易双方可得到本次博弈的均衡战略（不信任，不守信），导致购买行为不发生，不产生交易。

表 6.2　一次性博弈分析

消费者	供应商	
	守信	不守信
信任	$(U - M,\ M - C)$	$(-M,\ M)$
不信任	$(0,\ 0)$	$(0,\ 0)$

在加入第三方支付的情况下，建立两阶段的完全信息动态博弈模型。在线消费者的战略为（信任，不信任）。供应商有 4 个战略，即（守信，守信），表示无论消费者是否选择信任，供应商均选择守信。（守信，不守信），表示消费者选择信任，供应商选择守信；当消费者选择不信任时供应商选择不守信。（不守信，守信），表示消费者选择信任，供应商选择不守信；消费者选择不守信，供应商选择守信。（不守信，不守信），表示无论消费者是否选择信任。供应商均选择不守信。建立的完全信息动态博弈模型如表 6.3。

表6.3　动态博弈分析

消费者	供应商			
	（守信，守信）	（守信，不守信）	（不守信，守信）	（不守信，不守信）
信任	$(U-M,\ M-C)$	$(U-M,\ M-C)$	$(0,0)$	$(0,0)$
不信任	$(0,0)$	$(0,0)$	$(0,0)$	$(0,0)$

　　基于第三方支付的动态博弈中，供应商提前申请进驻购物平台，经过审核批准，缴纳押金 f 后，按照每次交易金额乘以固定比例 βS_i 向购物平台支付。

　　如果在购物平台上的交易顺利进行，则买卖双方诚信交易，双方累加各自在平台上的信用值。如果交易出现问题，供应商发生不守信的行为，那么消费者可申请第三方支付平台介入，成本为 C。如果不守信行为被第三方确认，则第三方要求供应商向消费者进行赔偿，原则上应能弥补消费者的各项损失和申诉成本，即 $\theta \geqslant \mu \pi_i + C$。其中，$\pi$ 为交易双方在守信情况下的收益。

　　假设一：供应商在第 i 期有不守信的行为，如满足以下条件，那么供应商将会支付相应的赔偿金额。

$$\theta < \frac{1-\beta}{r}\pi_i - \frac{1-\beta^{\text{other}}}{r}\alpha\,\pi_i^{\text{other}} + f_1 + f_2 \text{。} \qquad (6.15)$$

　　证明：未遵守信用的供应商如支付了违约费用，如消费者的货款、快递费、平台损失等，仍被看作守信方。如果之后供应商一直确保诚信销售，那么该供应商目前和未来的总收益计算如下：

$$R_i = (1+\eta)\pi_i - \theta + \sum_{k=i+1}^{n}\delta^{k-i}(1-\beta)\pi_i$$

$$= (1+\eta)\pi_i + \frac{1-\beta}{r}\pi_i - \theta \text{。} \qquad (6.16)$$

式中：δ 表示折现因子，$\delta = 1/(1+r)$，r 是贴现率。

　　如果供应商逃避责任，不能信守承诺，拒绝支付赔偿，那么第三方支付平台有权力按照双方协议，扣除之前供应商缴纳的押金、保证金及部分货款，直至取消供应商在该购物平台的销售资格。假设被取消销售资格的供应商以概率 α（$0 < \alpha < 1$）进驻其他（other）购物平台，f_1 是供应商被扣除的保证金，f_2 是该供应商进驻新的购物平台缴纳的保证金，$(1-\beta^{\text{other}})\pi_i^{\text{other}}/r$ 是指从第 i 期开始计算，违约供应商在新购物平台内诚实交易的收益，那么该供应商当期和未来的总收益计算如下：

$$R_i^* = (1 + \eta)\pi_i - f_1 - f_2 + \alpha \sum_{k=i+1}^{n} \delta^{k-i} (1 - \beta^{\text{other}}) \pi_i^{\text{other}}$$

$$= (1 + \eta)\pi_i - f_1 - f_2 + \frac{1 - \beta^{\text{other}}}{r} \alpha \pi_i^{\text{other}} \circ \qquad (6.17)$$

当 $R_i > R_i^*$，不守信的供应商将支付赔偿，计算可得：

$$\theta < \frac{1 - \beta}{r} \pi_i - \frac{1 - \beta^{\text{other}}}{r} \alpha \pi_i^{\text{other}} + f_1 + f_2 \circ$$

假设二：第 i 次交易的时候，供应商发生不守信的行为，并拒绝向消费者支付赔偿费用，那么在以下条件下第三方支付平台将会先行赔付在线消费者：

$$\theta < \frac{1 + r}{r} (G_i - G_i^*) \circ \qquad (6.18)$$

证明：在第 i 期，违约的供应商拒绝向消费者支付赔偿，第三方支付平台替代违约供应商支付赔偿，则交易完成，消费者对第三方支付平台的信任度不变。第三方支付平台的指数 $T_i = T_{i-1} + t_i$，收益函数 $G_i = f + \beta S_i(P_i, T_i)$。第三方支付平台保证之后供应商会守信的总期望折现收益如下：

$$U_i = G_i - \theta + \sum_{k=i+1}^{n} \delta^{k-i} G_i$$

$$= G_i - \theta + \sum_{k=i+1}^{n} (1 + r)^{k-i} G_i$$

$$= -\theta + \frac{1 + r}{r} G_i \circ \qquad (6.19)$$

在第 i 期，违约的供应商拒绝向消费者支付赔偿，第三方支付平台不能替代违约供应商支付赔偿，则交易失败，消费者对第三方支付平台的信任度也随之降低。此时，第三方支付平台的指数 $T_i^* = T_{i-1} - t_i$，而收益函数为 $G_i^* = f + \beta S_i(P_i, T_i^*)$。那么，第三方支付平台保证之后供应商会守信的总期望折现收益如下：

$$U_i^* = \sum_{k=i+1}^{n} \delta^{k-i} G_i^* = \frac{1 + r}{r} G_i^* \circ \qquad (6.20)$$

对于第三方支付平台收益函数 $G = f + \beta S(P, T)$，$\frac{\partial G}{\partial T} > 0$，因为 $T_i > T_i^*$，所以推出 $G_i > G_i^*$。如果要使第三方支付平台对消费者进行赔付，那么需要满足条件：

$$U_i > U_i^* \circ$$

通过式（6.19）和式（6.20），在满足上述条件的情况下，可计算得出：

$$\theta < \frac{1 + r}{r}(G_i - G_i^*)。$$

通过动态博弈分析，在 θ 满足上述条件的情况下，无论不守信供应商是否愿意赔付，消费者会向第三方支付平台申请赔付，以弥补货款及快递费等损失。第三方支付平台按照既定流程，严格控制支付环节，如供应商出现不守信行为，将对其进行监管和处理。当不诚信供应商自愿赔付并解决问题，那么双方交易顺利完成；当不诚信供应商不愿赔付，那么第三方支付平台将对消费者先行赔付。

综上所述，发现消费者选择信任，供应商选择（守信，守信）、（守信，不守信）的时候，购物平台上双方达到帕累托最优，即在第三方支付平台参与下形成新的博弈纳什均衡，消费者选择信任，供应商选择守信，在购物平台上购买行为顺利完成。第三方支付平台不仅简化了支付流程，而且更重要的是建立了购物平台上双方即消费者和供应商的信任。因此，第三方支付平台可视为良好的信任建立机制，也是目前最优的信任机制。

5. 基于第三方支付的信任机制

大量研究从技术和用户接受的角度对第三方支付进行了研究，提出了影响电子支付感知的一些关键因素。Upadhyay 和 Jahanyan（2016）研究发现，感知有用性、感知易用性、系统质量、连通性、不适感、任务技术适合性、结构保障、感知货币价值、吸收能力、个人创新性等因素对移动货币服务的使用意愿有显著影响。个别学者将第三方支付的失败归因于不符合用户要求和期望的系统设计和部署。许多研究都将安全和信任视为非常重要的问题。研究表明，信任转移过程通过消费者的满意度对移动支付的继续意向产生了积极影响，满意度是影响延续意愿的重要因素。另外在线支付的信任度、消费者感知到的相似性、在线支付和移动支付之间的整体一致性等将对建立移动支付的信任产生积极影响。

研究表明，安全性、易用性、自我效能感和信任是影响第三方支付感知的重要因素：①安全性是一个重要因素，消费者越来越认可许多银行机构和在线交易设施供应商为应对与安全相关的挑战而采取的措施。银行和在线交易设施提供商将定期向用户发出警告，并向用户通报新的欺诈事件。这些举措将增强消费者使用支付渠道的信心。安全性与电子支付感知之间的显著正相关意味着仍然需要对安全问题给予足够的关注。②易用性是消费者对第三方支付的实际感受。消费者认为第三方支付渠道用户友好，结构和内容易于理解，则容易对第三方支付产生信任。事实上，一些供应商还向消费者提供关于如何使用各种支付渠道的教程和建议。在某种程度上，易用性允许消费者认为他们控制着交易过程。③自我效能感是影响消费者对第三方支付认知的另一个重要因素。因为大多数消费者都有使用电子支付的经历，他们的正面接触使他们能够继续采用电子支付。使用第三方支付的同龄人、朋友、亲戚和其他人可能会通过积极的评论，进一步影响消费者的看法。④信任与使用第三方支付的意图仅有轻微关系或没有关系，可以解释为用户信任银行机构和其他第三方支付方式能够提供安全系统，意识到银行正在采取措施保护他们的隐私，防止欺诈的发生。

综上所述，第三方支付应该证明自己在购物平台商品、服务等交易中是方便和有效的，以便赢得更大的市场份额，以期实现持续的增长率。电子支付系统的主管部门必须保持一个竞争环境，在这种环境下有利于继续培育新的产品和服务，同时降低消费者、购物平台、供应商的交易成本。上述研究可作为向第三方支付供应商提供的信息指南，以便制定适当的策略来加强电子支付服务。

效益、自我效能和易用性是影响第三方支付的重要因素，需要银行机构、在线交易设施提供商和软件开发商的额外关注，对当前电子支付系统的任何改变都必须考虑到这些特点。易用性和自我效能的调查结果表明，消费者需要接受关于如何使用各种电子支付渠道的教育。第三方支付方式可起到通知消费者有关电子支付设施的作用，包括付款条款、保修和退货政策等信息，以展示第三方支付服务的功能和用户友好性。此外，需根据从消费者处收集的反馈，不断重新检查操作程序。安全和信任的重要性不容忽视，购物平台、银行机构、第三方支付供应商和软件开发人员都在确保系统的安全性和可靠性方面发挥着重要作用，必须确保系统始终安全，以保持消费者的信任和信心。软件开发人员在设计电子支付功能时必须牢记这些内容。同时，政府应继续通过监管电子支付服务来维护稳定和财务完整，以保护消费者。

6. 第三方支付机制的四大问题

随着世界日益数字化，第三方支付机制已成为促进在线交易安全方便的流行方法。然而，与任何系统一样，第三方支付机制也并非没有问题。本小节将探讨该领域中出现的四个主要问题，揭示与这些支付方法相关的潜在风险和缺点。通过了解这些问题，个人和企业可以在使用第三方支付系统时做出明智的决定，以确保其金融交易的效率和安全性。

（1）第三方支付的一个主要问题是缺乏安全性。未经授权访问、数据泄露和身份盗窃的风险是消费者普遍关注的问题。消费者需要确认他们的个人和财务信息在交易过程中会保持安全。如果没有适当的安全措施，这些敏感数据的完整性和机密性就会受到损害。然而，一些第三方支付提供商可能没有健全的安全措施来充分保护敏感的金融信息。缺乏强有力的身份验证方法和加密协议进一步加剧了这个问题。

（2）第三方支付系统中的隐私问题和数据泄露。由于消费者将其财务信息委托给这些平台，因此存在未经授权访问或泄露敏感数据的固有风险。鉴于针对支付系统的网络攻击数量不断增加，此类违规行为可能会对个人和企业造成严重后果。暴露个人信息，包括信用卡详细信息和交易历史记录，可能导致身份盗窃和欺诈活动。此外，受损的支付系统可能会对服务提供商及其客户的声誉造成损害。为了有效解决这个问题，必须实施强有力的安全措施来保护用户隐私，防止第三方支付系统中潜在的数据泄露。

（3）第三方支付机制中的有限消费者保护。虽然第三方支付机制提供了便利和效率，但它们通常具有有限的消费者保护措施。与传统金融机构不同，第三方支付提供商可能不受同样的监管。这种缺乏监管的情况可能会使消费者容易受到欺诈活动和纠纷的影响。此外，与信用卡或银行转账不同，第三方支付机制可能无法提供相同级别的纠纷解决服务。如果交易出现问题或消费者成为欺诈的受害者，及时追回损失的资金或解决纠纷可能是一项挑战。

（4）第三方支付系统中存在欺诈和诈骗的可能性。第三方支付已成为犯罪分子寻求漏洞进行网络犯罪的目标。黑客使用各种技术，如钓鱼电子邮件或创建虚假支付平台，欺骗用户提供敏感信息或进行未经授权的交易。此外，犯罪分子可能利用第三方支付系统提供的匿名性从事非法活动，如销售假冒商品或洗钱。为了缓解这一问题，第三方支付提供商必须优先考虑稳健的加密协议和多因素身份验证等安全措施。

6.2.2　基于保险的信任机制

1. 保险的定义和种类

在购物平台环境下，保险有广义和狭义的定义。从广义上讲，保险是指电子商务中的所有保险活动，如保险销售、保险公司管理等。从狭义上讲，保险可以认定为一种新型保险业务，主要是指保险服务机构通过购物平台提供的保险服务。就购物平台保险而言，平台上提供的保险与传统保险业务的区别不仅在于销售渠道的不同，而且往往表现在不同的业务模式和业务类别上。

（1）财产保险。电子商务的发展在一定程度上刺激了我国社会经济的整体增长，经常伴随着虚拟资本转移行为、物流行为、信息交换行为、物性使用行为等。在上述行为中，财产很可能因自然灾害或事故而造成一定的损失。为此类事件产生了电子商务保险的财产保险。

（2）责任险。以最常见的购物平台消费者购买行为为例，在线消费者往往需要承担个人信息泄露的风险，在邮寄过程中面临货物毁损、灭失的风险。这种责任风险也包含在在线交易活动中，因此责任保险应运而生。

（3）信用险。信用险是一种以信用风险为保险标的，权利人向保险人投保债务人的信用风险的保险方式。在购物平台的购买过程中，人们之间的现金交换已经基本消失；相反，出现了大量的虚拟资本服务和信贷服务。在购物平台在线交易过程中，信用违约的可能性很大，因此产生了信用险。

2. 构建基于保险的信任机制

在购物平台上，不同类型的商品交易可以采用差异化的保险方式，进而减少或弥补各类损失。常见的保险包括信用保险、保障保险、保证保险、运输保险、运费保险等，购物平台上各保险分类如表6.4。

表6.4　购物平台保险分类

问题	解决方式	问题	解决方式
买家的信用问题	信用保险	合同问题	保证保险
卖家的信用问题	保障保险	运输保险	运输保险
赔偿金问题	保证保险	退换货问题	运费保险

（1）购物平台上的信用保险（图6.1）。因为购物平台上双方交易时，供应商是在尚未收到货款的情况下，发送商品或提供服务，在消费者收到商品或获得服务后，平台再将消费者支付的金额转给供应商，所以存在先交货后支付的问题。因而，需要对消费者的信用进行信用保险。

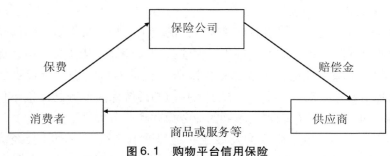

图6.1　购物平台信用保险

（2）购物平台上的保障保险（图6.2）。在购物平台上，各供应商通过向保险公司或保险平台缴纳保费为自己的信用进行投保，出现任何问题由保险公司或保险平台进行赔付。目前，部分平台如拼多多购物平台出现了"秒赔"一词，即消费者提出赔偿要求，无论供应商是否同意，购物平台/保险公司第一时间先行赔付，让消费者没有后顾之忧。

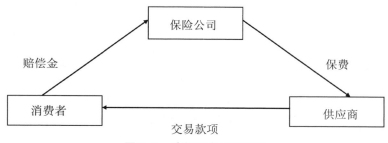

图 6.2　购物平台保障保险

（3）购物平台上的保证保险（图6.3）。在购物平台上，各供应商以缴纳保费的形式为自己的信用投保。对于小的供应商来说，可能存在资金有限、运转不流畅的问题。进而有保险公司或保险平台的出现，供应商可通过投保，以缴纳小额保险金的方式进行保险。如买卖双方发生交易纠纷，不能协商达成一致，购物平台可使用信用保证金对消费者先行赔付。

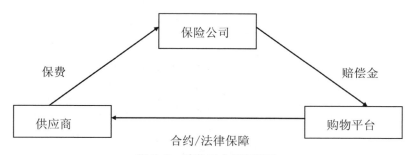

图 6.3　购物平台保证保险

（4）购物平台上的运输保险及运费保险（图6.4）。在购物平台上进行交易，除了服务类别的商品、旅游门票类、消费电子券等，大部分商品需要通过物流的方式送达消费者。在物流过程中，难免存在损坏或遗失，通过保险可以避免相应的损失。随着购物平台的发展，为提高消费者满意度和服务质量，除了食品类，大部分供应商提供退换货服务，在此过程中产生的运费，也可由供应商通过购买保险的方式进行支付，从而降低供应商的损失和成本。

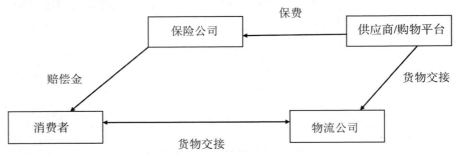

图6.4　购物平台运输保险及运费保险

随着购物平台信用建设法制化程度提高，对供应商和消费者失信违法行为加大打击力度，购物平台上各方自律意识明显增强。进一步探讨在线消费者、平台供应商需要注意和防范的重要方面（表6.5、表6.6），并对政府相关监管部门加强监督管理提出相应建议。

表6.5　消费者面临的信用风险

风险类型	信用风险
传统风险	产品促销假象
	虚假用户评论
	线上线下双重标准或价格
	难以兑现售后服务
新型风险	跨境消费额度被透支
	社交电商信任危机
	代购证伪困局
	网购连环陷阱
	无理由退货不能落地

表6.6　供应商面临的信用风险

风险类型	信用风险
传统风险	消费者或竞争对手恶意退货
	竞争对手职业差评
	广告违法

续表

风险类型	信用风险
新型风险	商品或服务代运营
	代发货
	机制诈骗
	侵犯知识产权

3. 应对购物平台交易风险的相关建议

面对信用风险，消费者应充分了解商品具体情况，避免贪小便宜吃大亏；提高消费警惕性，避免陷入连环骗局；仔细阅读商家活动规则，避免落入消费陷阱，避免造成不必要的损失；了解自身实际需求，不要轻信社交好友的各类推荐，不要轻易购买推荐产品及服务；充分筛选购物平台，识别不同卖家，避免以次充好，以假冒图片蒙蔽消费者；充分了解第三方支付平台，尽量使用正规的支付平台，避免个人信息泄漏和经济损失。

供应商为应对信用风险，应更加重视产品质量和自身信誉；创新销售模式，而不是制作虚假营销场景；重视客服回复的及时性和提高处理问题的能力，尽量减少交易矛盾；重视知识产品保护，不进行违规违法商业活动；重视保护消费者的个人信息，不为短期利益而滥用消费者信息。

政府部门作为政策制定者，及时洞悉市场发展趋势和最新变化，针对普遍性问题、苗头性问题，应第一时间加以规范和政策指导。加强网购生态和精耕细作，积极开展打击假冒行为的专项行动；加强电子商务人才培养，提高专业化程度和服务意识，强化其法律意识；加强网购环保意识，发展绿色物流，建设绿色地球，减少污染；加强跨境电子商务的有序竞争，引领购物平台健康快速发展。

6.3 威慑型信任机制的建立

威慑信任意味着参与者害怕受到惩罚并根据各自的承诺完成任务。这种信任模式将使机会主义的成本高于其利益，并在合作的整个过程中发挥作用，如法律约束。

6.3.1 法律约束

法律在保护消费者权利和建立消费者信任方面发挥着重要作用。首先，法律及其强制性措施对于那些违反合同和法律的主体具有威慑作用。其次，法律将保障一方因另一方不诚实行为所遭受的损失得到赔偿。由于有可能会得到经济补偿，会促使部分摇摆的消费者做出消费的决定。同时，在商业活动中，法律通常被视为解决纠纷的最终手段。尽量创造一个动态而相对稳定的交易环境，通过法律和社会规则的合力作用，使消费者能在最低风险下进行在线消费。最后，法律可以用来强迫违规违法者履行职责。

购物平台环境下的在线消费流程涉及多种复杂的问题，如消费数据、电子合同、支付方式、网上税收、网上拍卖、广告促销等，亟待法律的约束和规范。

2019 年 1 月 1 日，我国出台《中华人民共和国电子商务法》（以下简称《电子商务法》），对个人代购、虚假刷单、大数据杀熟、退押金困难、捆绑搭售等都进行了明确规定。作为中国在线消费领域首部综合性法律，该法引来法律界和学术界的广泛关注。同时，在线交易有关的纠纷按《中华人民共和国合同法》、《中华人民共和国消费者权益保护法》（以下简称《消费者权益保护法》）、《中华人民共和国产品质量保护法》进行处理。用户权利受到侵犯，可以通过《电子商务法》和《消费者权益保护法》寻求保护。

6.3.2　行业监管和购物平台责任制

电子商务行业应强化企业自律和加强行业监管，建立符合在线交易特点的协同管理体系，搭建国家相关管理部门、电子商务行业协会、购物平台、供应商与消费者的在线交易市场治理体系。互联网协会和电子商务协会要充分发挥协会的主导作用，完善规范运营体系和信用管理体系，强化自律参与和相互监督，引导购物平台和供应商诚信经营。向同行介绍和表彰诚信商家，尽力营造网络自律氛围。同时，消费者应积极参与对电子商务经营实践和产品质量的监督，当遇到黑心商人或购买假冒伪劣商品时，要积极举报和应对，法律权利要通过法律手段得到保障。

购物平台应加强责任制，出现问题及时整改和追责。近年来，由于各大购物平台竞争日趋激烈，部分购物平台以明示或暗示的方式施加压力，迫使或暗示企业"站在同一条战线"和"从另一条路线中选择一条"。这在零售电子商务和物流业的经验中尤为明显，类似于"两种选择"的行为在整个电子商务行业中很常见。一方面，核心难点是取证难。另一方面，与购物平台相比，供应商处于弱势地位：渠道有限和激烈的市场竞争，使之即便业务利益受损也不敢冒犯任何强大的平台；同时受到各种因素的阻碍和制约，也不敢要求司法机关介入调查。限制自由竞争后，消费者最终将不得不为此平台垄断付费。研究认为，"两种选择"是平台竞争过程中的一种混乱，它会干扰正常的商业环境，损害供应商和消费者的利益。因此，购物平台不得滥用市场支配地位实施排除、限制竞争。购物平台因其市场规模、用户数量、技术优势、整合能力，面对众多的供应商可任意选择，对特定行业具有管控能力，在市场上具有支配地位。

购物平台是具有较小前端、背靠大平台、生态丰富的一种商业模式。目前的在线交易系统中，除了供应商和消费者，还有支付、物流、保险、第三方监督等参与者。由于参与者的多样化和复杂性，容易导致交易失败。因此，购物平台作为系统中的主导方，需发挥整合资源和协调买卖双方的作用，及时处理争端，解决问题。

此外，购物平台应严格管控利用大数据收集消费者个人信息和消费偏好，在平台页面推荐商品和捆绑销售商品的情形。许多在线消费者发现购物平台可以根据不同消费者的购买偏好和习惯推送信息，担心该举措会侵犯个人隐私和限制消费者的选择权。因此，购物平台必须增加允许消费者关闭"个性化推荐"的选项。购物平台可以根据消费者的喜好、消费习惯和其他特征向消费者提供商品或服务的搜索结果，并尊重和保护消费者的个人选择。针对购物平台向在线消费者频繁推送广告或捆绑搭售，实质上使得在线消费者在不知情的情况下增加选项并支付费用，购物平台或供应商不得将捆绑商品或者服务视为违约同意的强行选择。

在商品质量控制方面，购物平台的主要责任是严控平台上各类商品的质量。在质量等信息严重不对称的在线交易中，消费者往往为了降低风险而宁愿购买低价商品，导致高质量、价格高的商品更容易被低质量、低价商品淘汰。购物平台必须尽力解决质量信息的不对称问题，负责商品质量控制，如质量信息、第三方质量检查、不诚信交易的公开和供应商欺诈处罚。2021 年 3 月，国家市场监督管理总局出台《网络交易监督管理办法》，制定了一系列规范交易行为、压实平台主体责任、保障消费者权益的具体制度和规范。

综上所述，电子商务快速发展，各个方面的问题也层出不穷，需要行业协会和购物平台自身不断提出整改措施，规范商业行为，为消费者带来更好的在线消费环境，使消费者权益得到充分保护，从而有效促进购物平台的健康可持续发展。

6.4　苏宁易购的信任机制分析

信任机制在电子商务平台中发挥着至关重要的作用，使企业与消费者之间能够建立起信任感和提升可信度。苏宁是中国最大的零售巨头之一，它建立了一个强大而有效的信任机制，这对它的成功起到了重要作用。本小节旨在概述苏宁的信任机制，探讨有助于在公司和消费者之间建立信任的关键点。

苏宁易购于 2010 年 2 月 1 日正式推出，作为一个独立品牌运营，标志着苏宁电器正式进入电子商务领域。苏宁电器于 2004 年在深圳证券交易所上市，被评为全球家电连锁零售业市场价值最高的企业之一，被《世界经济学人周刊》等联合评为中国上市公司百强。20 多年实体店经营使苏宁电器积累了知名度和品牌效应，并积累了大量的忠诚客户。随着互联网、物联网和大数据分析的快速发展，苏宁易购通过 O2O 融合将其产品从实体店转移到在线购物平台，实现无处不在的一站式服务。另外，依托苏宁品牌和达数百亿元购买规模的优势，苏宁易购突破了电器销售的限制，其产品线迅速扩大。

2023 年，苏宁易购计划在全国落地 30 家苏宁易家新型门店，其中江苏片区 7 家，覆盖南京、苏州、无锡、徐州、青岛等地。苏宁易购还将紧跟政府城市规划和新兴商圈建设政策，新开或改造苏宁易购城市旗舰店 65 家，新开合伙人门店 60 家、苏宁易购零售云 300 家，到年底实现苏宁易购在江苏、山东地区店面总数突破 2000 家，进一步完善销售网络布局，线上线下充分融合互为补充，对消费者提供无差别服务。随着主要销售平台和实体店深入市场，一、二线家电市场正在变得饱和。苏宁在一、二线城市通过实体店如母婴店、超市店、云店等全方位地贴近消费者，在三、四线城市及周边农村则通过零售云和购物平台苏宁易购，为消费者提供无差别服务。

根据 2022 年艾媒商情舆情数据监测系统，消费者对苏宁易购评价数值为 68，在各个平台中数值最高；其次是天猫（56）、京东（37）和淘宝（30）。规模和市场份额是购物平台生存的核心要素。在零售行业当前集中度偏低的情况下，苏宁易购具有明显的竞争优势。国外标杆企业如美国沃尔玛、法国家乐福、瑞典宜家家具，其发展在于规模快速扩张的能力和与后台供应链的整合能力。苏宁易购具备线上高速扩张的资金和能力，并率先开展渗透低线市场的前瞻性战略布局，通过多样化、多行业、多层次的业务组合抢占市场份额。苏宁易购的优势在于拥有线下众多的实体店、遍及全国的配送点和售后服务网点，并由家电产品切入更多品类和服务。

苏宁易购的信任机制包括多个方面，包括消费者评价和分享、卖家评级、消费体验感和安全的支付系统：

（1）苏宁易购的信任机制包括一个全面的消费者评价和分享体系。苏宁易购鼓励消费者对购物体验、产品质量和送货服务提供反馈。通过鼓励消费者对产品和卖家留下诚实的评价和评级，苏宁易购创造了一个透明的环境，消费者可以在这里做出明智的购买决定。这些评论对其他用户可见，使潜在买家能够做出明智的决定。同时，苏宁易购推出超级会员"Super VIP"产品，为付费会员提供差异化的会员权利，如商品折扣、独家消费者服务、售后服务、影视会员、体育会员，进一步提升消费者满意度；推出"Le Pin Buy""Suning Sale"等在线运营产品，有效提升了购物平台的运营能力和盈利能力。重视社区建设，在线社区有亲子类、美容类、集客令、书友会、科学育儿等不同的社交分享模块，消费者可以根据不同的年龄和需求自行加入不同的圈子，共享消费体验、发布买卖信息、分享优惠信息、网络交友等，通过加强消费者的相互沟通增强黏性。社区会定期举行线下活动，促进消费者进行线上线下全方位的沟通，并进行品牌推广和产品促销。同时，购物平台的整体营销风格也更为年轻化，利用一系列时尚的年轻元素，如抖音，以及多元化的营销方式，如在线直播、观看和购买。

（2）苏宁易购卖家评级策略也是建立消费者信任的机制之一。卖家评级受到几个关键因素的影响，这些因素对提升卖家在其平台上的整体声誉和可信度有重要影响。首先，产品质量在决定卖家评级方面起着至关重要的作用。如果卖家始终提供符合或超过消费者预期的高质量产品，消费者可能会对卖家给予更高的评价。其次，及时可靠的运输是另一个重要因素，确保及时交货并提供准确跟踪信息的卖家往往会得到消费者的积极评价。再次，与消费者的有效沟通对于保持良好的卖家评级至关重要，及时回应消费者的咨询内容、解决问题和提供清晰的产品描述会极大地影响消费者对卖家的评价。最后，售后服务在提升卖家评级方面发挥着重要作用。提供无障碍退货、退款或换货对客户满意度有积极贡献，因此可能会使卖家获得更高的评分。

（3）采用最新的 AR 技术提高消费者的体验感，消费者的个性化、场景化购物需求受到重视。通过消费者面部识别、人工智能及创新的 AR 技术，展示了可以穿着虚拟衣服和配饰的定制化的消费者头像，为消费者提供身临其境的消费体验。全景购物模式为消费者提供了更好的服务体验。AR 体验 Biu + 通过线上实现了个性智能的家具产品购买体验，有利于提高消费者的体验感和购买意愿。结合在线和线下的优势，苏宁易购能随时随地满足消费者个性化和不断升级的购物需求，实体店已成为线下展厅，通过集成在线销售和线下物流优势，进而提高效率，减少库存。

升级产品售后服务，保障消费者权益，有利于信任的建立。随着消费者的消费升级和理性消费，产品服务体系的建立至关重要，提供从售前、售中到售后对消费者及时到位的服务才能维系持续信任和增加消费黏性。为此，2018 年起，苏宁易购推出了"30 天退货，365 天更换"服务、售后服务代表 30 秒响应、门店专家 V 购、上门取件、测甲醛、绿色物流等 46 项消费者服务，服务的迭代升级能更好地满足消费者需求和保障消费者权益。

（4）实施安全的支付系统，以保护消费者的财务信息。通过利用先进的加密技术并与信誉良好的支付处理器合作，苏宁易购确保了交易的机密性和完整性。安全支付系统的实施保证了交易安全，同时为消费者和卖家提供安心服务。此外，苏宁易购的信任机制包含了一个可靠的物流网络。凭借高效的订单处理、准确的跟踪系统和及时的交付服务，苏宁易购可以及时满足客户的需求并增强客户满意度。

将苏宁易购作为研究案例，主要是因为苏宁实体店经营时间较长，在我国电器零售行业长期处于领先位置，随着经济和科技的发展开发了线上购物平台，消费者从实体店转移到线上购物平台，符合本书的研究对象特征。长期以来，苏宁一直在深入培育线上线下双线渠道，并将店内终极体验服务与购物平台便利性完美结合，消除了线上线下的界线，创建了一个全面的综合家电零售平台。作为大型上市公司，企业经营信息和举措透明化程度高，便于数据搜集和模式分析。苏宁创新的技术、平台设计和内容，重视消费者个性化场景化的购物需求，消费者赔付保障机制，结合实体店无处不在的一站式服务体验等，具有代表性和先进性，可以为其他购物平台提供借鉴。

6.5　本章小结

本章研究购物平台环境下的信任机制问题，分析了解型、技术型、威慑型信任机制，并探索苏宁易购的信任机制建立。

首先，了解型信任分析基于购物平台界面和内容的信任机制，通过研究购物平台的在线信任、界面和内容的信任趋势、界面和内容的一致性水平这 3 个维度，运用最小二乘线性回归方法，建立了信任向量并进行计算。进而提出加强人性化设计、强化通信感知设计、突出平台差异化优势和强化功能效率设计。另外，通过研究，认为基于虚拟社区的信任对在线消费者的购买意愿有一定影响。

其次，技术型信任机制研究购物平台的多样化支付方式，尤其是第三方支付，对购物平台上的相关方进行一次性博弈分析和动态博弈分析，验证了第三方支付是目前最优的信任机制；同时，基于保险的信任机制，对购物平台上的保险进行分类研究，并分别对消费者、供应商和政府部门提出相关建议。

再次，威慑型信任机制的建立依托于法律的约束，对违反合同或机会主义起到威慑作用；另外，应加强行业监管和购物平台责任制，严控平台上各类商品质量，出现问题应及时整改和追责，创建良好完善的购物平台生态。

最后，结合典型的从实体店转移到购物平台的苏宁易购案例，分析信任机制的建立措施。苏宁易购充分运用互联网、物联网、大数据、云计算和人工智能技术，构建消费者、商品、场地的数字化链接、智能化交互和线上平台交易，重视消费者的个性化、场景化购物需求，采用最新的 AR 技术提高消费者的体验感，升级产品服务，保障消费者权益，从而建立消费者信任机制。

第 7 章

主要结论和政策建议

我国电子商务在线消费者人数众多，建立初始信任及维系信任对于购物平台来讲非常重要。同时，在线消费者的信任转移问题是消费者行为和网络营销领域的重要研究课题，具有重要的理论意义和实践意义。目前，国内学者对购物平台在线信任因素的研究相对有限，对信任影响因素的研究大多停留在定性研究、理论框架研究和探讨，定量的实证研究相对较少。一方面，理论研究成果不断拓展；另一方面，日常交易中信任的普遍缺失和交易成本逐年上升，信任已经成为阻碍电子商务发展的主要问题之一。在对购物平台的研究中，探索信任动态演化博弈、建立信任、信任转移和消费者自身因素将在很大程度上丰富现有的消费者决策理论，促进购物平台及商家改善服务质量和扩大销售收入，为制定购物平台发展战略提供切实指导，从而加快在线消费市场发展。

7.1　研究主要结论

本书在参考大量国内外研究成果的基础上，以购物平台上的信任为研究中心，基于 McKnight 信任理论、Mayer 信任模型和 Zucker 制度信任理论，运用动态演化博弈，建立在线信任的影响因素模型和信任转移模型，对不同的影响因素进行实证分析，主要目的是补充和完善消费者行为领域的相关理论，解决在线消费者的信任问题，提高消费者信任程度和满意度。

（1）三方动态博弈演化发现信任的关键在于提升供应商诚信度和平台保障性。本书采用演化博弈论的方法，研究购物平台上影响在线信任的三方——在线消费者、购物平台、平台上的供应商——动态博弈演化的全过程，并利用 Python 软件对模型进行仿真和分析，旨在对在线消费者的信任建立形成一个整体抽象的认识。研究发现：消费者更高的信任概率有利于建立在线信任，供应商较高的守信概率有利于建立在线信任，平台以较高的概率建立有保障的购物平台将有利于建立在线信任。综上所述，在线消费者、购物平台、供应商这三方的行为对建立在线信任产生显著影响；建立在线信任机制中，提升消费者信任概率的关键在于提升供应商的诚信度，并提升平台的保障性。

（2）共同价值观、第三方评估等因素影响在线信任的建立。基于 McKnight 信任理论，以购物平台淘宝网为调查主体，以国内在线消费者为调查对象，构建了在线消费者信任模型，包括第三方评估、共同价值观、结构保障、在线信任、网站供应商等。研究结果表明，共同价值观与建立在线信任正相关，相比之下第三方评估对在线信任的正向影响更为显著；在第三方评估中，数据有效验证了第三方认证对在线信任的正向影响，进一步发现专家评论的影响作用大于第三方认证、担保机制、买家在线评论；在供应商因素的研究中，验证了供应商因素对在线信任的正向影响，同时，数据验证了价格的影响最为显著，大于产地的影响；网站供应商因素正向影响结构保障，结构保障正向影响在线信任，在线信任对行为意向具有显著的正向影响。

（3）购物平台的能力和结构保障显著影响信任转移。基于 Mayer 信任模型和 Zucker 制度信任理论，建立消费者信任转移模型并提出假设，以永辉超市购物平台为研究载体，进行多分类 Logistic 回归分析，验证了相关假设。研究发现：实体店信任、购物平台能力、完整、结构保障、购买意愿、流程集成度均与信任转移正相关，其中影响最为显著的因素是购物平台的能力，其次是结构保障。在购物平台能力的各项因子中，购物平台易操作性和购买流程顺畅的影响十分显著，其次是商品的在线评论和好评度、清晰的图片和文字说明；在结构保障的各项因子中，资金安全、技术保障、隐私安全存在显著的正向影响。但是，研究数据表明情景正常对信任转移不存在显著影响；同时，善意也不能显著影响信任转移。

（4）在线消费者自身因素对信任转移产生影响。研究消费者将信任从超市实体店转移到购物平台，消费者自身因素中性别差异、购物年限、购物频率和收入水平与信任转移的关系。在中国电子商务市场环境下，消费者将信任从实体店转移到购物平台的过程中，性别差异对信任转移不存在显著的正向影响，这为国外相关研究分歧提供了实证；购物年限和购物频率显著影响信任转移，消费者依靠自身交易经验来决定是否做出消费渠道的信任转移；消费者的收入水平对渠道间信任转移不存在显著的正向影响。

（5）建立购物平台的信任机制。研究购物平台环境下的信任机制问题，提出了解型、技术型、威慑型信任机制，并探索了苏宁易购的信任机制建立。首先，了解型信任机制研究基于虚拟社区的信任，进而分析购物平台界面和内容对信任机制的影响，提出人性化设计、强化通信感知设计、突出平台差异化优势和强化功能效率设计。其次，技术型信任机制研究购物平台的多样化支付方式，尤其是第三方支付，对购物平台上的相关方进行一次性博弈分析和动态博弈分析，验证第三方支付是目前最优的信任机制；同时，基于保险的信任机制，对购物平台上的保险进行分类研究，并分别对消费者、供应商和政府部门提出了相关建议。再次，威慑型信任机制的建立依托于法律的约束，对违反合同或机会主义起到威慑作用；另外，应加强行业监管和购物平台责任制。最后，结合典型的从实体店转移到购物平台的苏宁易购案例，分析信任机制的建立措施。苏宁易购构建了消费者、商品、场地的数字化链接、智能化交互和线上平台交易，重视消费者的个性化、场景化购物需求，采用最新的 AR 技术提高消费者的体验感，升级产品服务，保障消费者权益，从而建立消费者信任机制。

7.2 购物平台政策建议

如何借助在线消费者的关注点和不同的信任影响因素，实施有利于建立初始信任和有助于信任在不同渠道间转移的措施，是购物平台和供应商关注的重点。本书针对研究结论，提出以下政策建议：

（1）提升供应商的诚信度。从三方动态博弈演化和建立信任的影响因素研究中，可发现提升供应商的诚信度十分重要和关键。在购物平台上展示时，首先供应商应展示公司介绍、主营产品、公司规模、厂房信息、销售情况等详细可信的资料；其次，供应商应提供清晰的产品实拍照片、细节图片和产品详细信息，如产品的颜色、质地、产地、特性、尺码，产品信息越详细，则供应商的可信度越高；同时提供退换货的售后说明，可能的情况下提供退换货运费保险，即如发生退换货，不用消费者承担费用。

供应商不仅要注重品牌创新和可持续发展战略，更应该诚信交易，避免上黑名单，避免恶意压价、投机取巧、非议同行，避免在资质上挂靠其他商家。同时，增强抵抗风险的能力，从而提升正常诚信经营的能力。每个网络供应商面临的风险不尽一致，首先要了解和识别风险，进而测量风险，提出应对措施和解决方案。

（2）建立第三方评估机制，尤其是专家评论。目前，大部分购物平台都提供了消费者购买后评论的区域，以用户评论为基础来实现对后续消费者的指导，这与消费者在购买决策中希望听取他人意见是一致的。对于第三方评估的有效管理是一个重点和难点。少量的在线评论不能说明问题，只有达到一定数量后，才能形成客观公正的评价。如何去除虚假的评论、竞争对手恶意点评、商家支付的人为好评，是建立有效评估的关键。建议购物平台建立实名机制和商家申诉功能，引导积极健康的在线评论；提升评估机构和工作人员的专业化，聘请第三方专业机构做出权威、公正、客观的评估，进而增强评估结果的说服力，提升平台的可信度、权威性和公信力。

（3）在确保质量和服务的情况下，保持价格优势。研究发现消费者对价格的关注是客观存在的，从淘宝网、美团、拼多多的崛起，可见消费者对低价产品的诉求。供应商和平台可在确保质量和服务的情况下，尽量保持价格优势：一是建立战略合作伙伴关系，在产品价格上取得绝对优势；二是与相关商品集散地合作，如浙江义乌小商品批发市场、河北白沟箱包批发市场、北京新发地批发市场等，设立直属配货基地，从原产地采购，减少货物中间流通环节；三是秉承消费者至上、薄利多销的原则。

（4）重视购物平台易操作性、购买流程顺畅和交易安全。首先，购物平台的安全性十分重要，须确保交易的银行信息安全、交易资金的安全和在线消费者的隐私安全；其次，在购物平台能力的各项因子中，购物平台易操作性和购买流程顺畅的影响十分显著，所以购物平台应尽可能在 UI 和交互设计方面优化用户体验；提供功能细节列表，明确 App 或者 H5 页面的操作和功能；做好功能测试，抽象和提炼每个页面的功能和逻辑，对特定的页面和功能，从时间、地点、对象、行为和背景 5 个不同的方面进行反复的测试，即购物平台要研究在线消费者会在什么时间、什么地点、在什么背景或场景下，使用 App 中的什么功能，提炼消费者的行为和使用场景。

7.3 研究局限性与未来研究方向

我国电子商务在线消费者人数众多，建立初始信任及维系信任困难重重。同时，在线消费者信任和信任转移是消费者行为和网络营销领域的重要研究课题，具有重要的理论意义和实践意义。本研究探讨了影响建立购物平台信任的因素，及信任转移从实体店转移到购物平台的影响因素。国内购物平台的研究存在以下局限性：

（1）首先，本研究仅对信任转移开展。随着智能移动设备的普及、购物平台碎片化特性、更符合消费场景化的优势等使消费者不断向购物平台转移。购物平台需持续加强管理运营，不断提高用户转化率、留存率、复购率，而留存率和复购率在本书中尚未提及，有待于进一步的研究。其次，本模型仅研究了几个影响信任转移的重要因素，随着技术和消费习惯的发展，必将存在其他影响因素，有待在后续研究中加以研究验证。

（2）由于研究的局限性和不可控因素，McKnight 信任理论中供应商因素与行为意向的影响关系在本书中没有得到验证，未来研究可重点关注供应商因素在模型中的影响程度和影响机制。

（3）在对第三方评估的研究中，本书得出专家评估影响最具显著性的结论，与部分国内学者研究的买家在线评论或国外学者研究的第三方认证影响最具显著性存在差异，在后续理论研究中值得进一步关注和验证。

（4）鉴于调研数据对象的有限性，从永辉超市实体店到购物平台虽然是一个较为理想的研究对象，但是研究目标和目标人群存在一定局限性，可能会影响研究的效度。以后可基于不同领域的研究对象，分析消费者自身因素对信任转移的影响，在有效借鉴国外研究成果的同时，考虑中国发展特色，结合国家和地区间的数据结果进行横向比较，增强理论解释力。

参考文献

冯炜. 消费者网络购物信任影响因素的实证研究 [D]. 杭州：浙江大学，2010.

胡宝荣. 国外信任研究范式：一个理论述评 [J]. 学术论坛，2013，36（12）：129 – 136.

黄鹤婷，赵冬梅. 在线消费者的心理距离及其测度方法研究：基于解释水平理论的视角 [J]. 经济研究参考，2013（14）：42 – 48.

刘凤委，李琳，薛云奎. 信任、交易成本与商业信用模式 [J]. 经济研究，2009（8）：60 – 72.

罗力. 信任和关系承诺对第三方物流整合与绩效的影响 [D]. 广州：华南理工大学，2010.

李沁芳，刘仲英. 电子商务初始信任影响因素的动态建模 [J]. 商业研究，2007（8）：204 – 208.

李沁芳，刘仲英. 基于 TAM 的在线信任模型及实证研究 [J]. 信息系统学报，2008（1）：48 – 54.

乔宏国，唐丽艳. 浅谈如何提高供应链企业间的信任 [J]. 技术经济，2003（8）：47 – 48.

任杰. 在线消费者购买参照点对其决策的影响研究 [D]. 北京：中国农业大学，2015.

任婷婷，陶梓菁，杨扬，等. 消费者网络购物信任度影响因素分析 [J]. 商场现代化，2014（9）：27 – 31.

邵婷婷. 电子商务环境下中国消费者在线信任影响因素研究 [D]. 哈尔滨：哈尔滨工业大学，2008.

唐嘉庚. 互动性对 B2C 环境下信任及购买行为倾向影响研究 [D]. 上海：复旦大学，2006.

吴洁倩. 平台类购物网站信任和购物行为的影响因素及其作用机理实证研究 [D]. 上海：复旦大学，2011.

徐正东. 网络品牌忠诚影响因素实证研究 [J]. 经济论坛，2009（16）：120 – 122.

杨晨，王国顺. 消费者在线信任国内外研究比较 [J]. 商业时代，2014（22）：74 - 75.

杨庆. 消费者对网络商店的信任及信任传递的研究 [D]. 上海：复旦大学，2005.

严中华，关士续，米加宁. B2C 电子商务信任实证研究的现状与思考 [J]. 技术经济与管理研究，2005（2）：43 - 45.

朱慧萍. 关系情境下顾客—员工间信任向顾客—企业间信任的转移机理研究 [D]. 成都：西南财经大学，2013.

游艳，赵冬梅，胡燕川. 第三方评估和共同价值观对在线消费者行为意向的影响研究 [J]. 管理现代化，2017，37（2）：78 - 83.

赵宏霞，王新海，杨皎平. B2C 电子商务中介与卖家商盟在交易信任中的作用机制：基于团队生产激励的视角 [J]. 中国管理信息化，2010（8）：98 - 101.

赵竞，孙晓军，周宗奎，等. 网络交往中的人际信任 [J]. 心理科学进展，2013，21（8）：1493 - 1501.

赵爽，肖洪钧. 企业家声誉对企业家行为的影响研究 [J]. 经济纵横，2009（9）：113 - 115.

周小兵. 新消费时代提高网络品牌忠诚的策略研究：基于承诺信任理论 [J]. 商，2015（15）：116 - 117.

AJZEN I. The theory of planned behavior [J]. Organizational behavior & human decision processes, 1991, 50（2）：179 - 211.

ALESINA A, FERRARA E L. Who trusts others? [J]. Journal of public economics, 2002, 85（2）：207 - 234.

ANSARI A, MELA C F, NESLIN S A. Customer channel migration [J]. Journal of marketing research, 2008, 45（1）：60 - 76.

ARNOTT D C, MUKHERJEE A, NATH P. Role of electronic trust in online retailing：a re-examination of the commitment-trust theory [J]. European journal of marketing, 2007, 41（9/10）：1173 - 1202.

ARROW K J. Collected Papers of Kenneth J. Arrow [M]. Cambridge：Belknap Press of Harvard University Press, 1985.

AWAD N F, RAGOWSKY A. Establishing trust in electronic commerce through online word of mouth：an examination across genders [J]. Journal of management information systems, 2008, 24（4）：101 - 121.

BAAL S V, DACH C. Free riding and customer retention across retailers' channels [J]. Journal of interactive marketing, 2005, 19 (2): 75 - 85.

BADCOCK C. Trust: Making and breaking cooperative relations, by diego gambetta [J]. Contemporary sociology, 1988, 21 (3): 401.

BADRINARAYANAN V, BECERRA E P, KIM C H, et al. Transference and congruence effects on purchase intentions in online stores of multi-channel retailers: initial evidence from the US and South Korea [J]. Journal of the academy of marketing science, 2012, 40 (4): 539 - 557.

BAIER A. Trust and antitrust [J]. Ethics, 1986, 96 (2): 231 - 260.

BAO Z S, HUANG T Z. Exploring stickiness intention of B2C online shopping malls: a perspective from information quality [J]. International journal of web information systems, 2018, 14 (2): 177 - 192.

BARBER D, DESCHIZEAUX B, LEES J P, et al. Determination of the number of light neutrino species [J]. Physics letters B, 1989, 231 (4): 519 - 529.

BART Y, SHANKAR V, SULTAN E, et al. Are the drivers and role of online trust the same for all web sites and consumers? A large-scale exploratory empirical study [J]. Journal of marketing, 2005, 69 (4): 133 - 152.

BAUCELLS M, WEBER M, WELFENS F. Reference-point formation and updating [J]. Management science, 2011, 57 (3): 506 - 519.

BELDAD A, JONG M D, STEEHOUDER M. How shall I trust the faceless and the intangible? A literature review on the antecedents of online trust [J]. Computers in human behavior, 2010, 26 (5): 857 - 869.

BERRY L L, PARASURAMAN A. Building a new academic field—the case of services marketing [J]. Journal of retailing, 1993, 69 (1): 13 - 60.

BHATTACHERJEE A. Individual trust in online firms: scale development and initial Test [J]. Journal of management information systems, 2002, 19 (1): 211 - 241.

CAMPBELL D T. Common fate, similarity, and other indices of the status of aggregates of persons as social entities [J]. Behavioral science, 1958, 3 (1): 14 - 25.

CASALO L, FLAVIAN C, GUINALIU M. The impact of participation in virtual brand communities on consumer trust and loyalty: The case of free software [J]. Online information review, 2007, 31 (6): 775 - 792.

CHANDRASHEKARAN R. The influence of redundant comparison prices and other price presentation formats on consumers' evaluations and purchase intentions [J]. Journal of retailing, 2004, 80 (1): 53 - 66.

CHANG M K, CHEUNG W, LAI V S. Literature derived reference models for the adoption of online shopping [J]. Information & management, 2005, 42 (4): 543 - 559.

CHANG M K, CHEUNG W, TANG M. Building trust online: interactions among trust building mechanisms [J]. Information & management, 2013, 50 (7): 439 - 445.

CHATTERJEE S, DIACONIS P. Estimating and understanding exponential random graph models [J]. Annals of statistics, 2013, 41 (5): 2428 - 2461.

CHEN Z. Buyer power: Economic theory and antitrust policy [J]. Research in law and economics, 2007, 22 (1): 17 - 40.

CHIU J L, BOOL N C, CHIU C L. Challenges and factors influencing initial trust and behavioral intention to use mobile banking services in the Philippines [J]. Asia Pacific journal of innovation and entrepreneurship, 2017, 11 (2): 246 - 278.

COLEMAN J S. Foundation of social theory [M]. Cambridge, MA: Harvard University Press, 1990.

CORRITORE L C. On-line trust: concepts, evolving themes, a model [J]. International journal of human-computer studies, 2003, 58 (6): 737 - 758.

CYR D, BONANNI C, BOWES J, et al. Beyond Trust [J]. Journal of global information management, 2007, 13 (4): 25 - 54.

DADE A, HASSENZAHL D M . Communicating sustainability: a content analysis of website communications in the United States [J]. International journal of sustainability in higher education, 2013, 14 (3): 254 - 263.

DELHEY J, NEWTON K. Predicting cross-national levels of social trust: global pattern or nordic exceptionalism? [J]. European sociology review, 2005, 21 (4): 311 - 327.

DEVELLIS R F. Guidelines in scale development [M] //DEVELLIS R F. Scale development & theory and applications. Los Angeles: The Sage Publication, 1991.

DHOLAKIA U M, KAHN B E, REEVES R, et al. Consumer behavior in a multichannel, multimedia retailing environment [J]. Journal of interactive marketing, 2010, 24 (2): 86 – 95.

DIRKS K T, FERRIN D L. The role of trust in organizational settings [J]. Organization science, 2001, 12 (4): 450 – 467.

DITTMAR H, LONG K, MEEK R. Buying on the Internet: gender difference in online and conventional buying motivations [J]. Sex roles, 2004, 50 (5/6): 423 – 444.

DODDS W B. Perceived value: A dimension of the consumer risk construct [J]. American journal of business, 1996, 11 (1): 15 – 22.

DODDS W B, MONROE K B, GREWAL D. Effects of price, brand, and store information on buyers' product evaluations [J]. Journal of marketing research, 1991, 28 (3): 307 – 319.

DONEY P M, CANNON J P. An examination of the nature of trust in buyer-seller relationships [J]. Journal of marketing, 1997, 61 (2): 35 – 51.

DONEY R A, GRIFFIN P S. Overshoots over curved boundaries. II [J]. Advances in applied probability, 2004, 36 (4): 1148 – 1174.

DUBELAAR C, YEO M. Dynamic online trust [C] //ACM transactions on management information systems. Houston: proceedings of the 2008 Academy of Marketing Science (AMS) Annual Conference, 2015: 48.

EASTLICK M A, LOTZ S L, WARRINGTON P. Understanding online B-to-C relationships: an integrated model of privacy concerns, trust, and commitment [J]. Journal of business research, 2006, 59 (8): 877 – 886.

EASTLICK M A, SHERRY L. Understanding online B-to-C relationships: An integrated model of privacy concerns, trust, and commitment [J]. Journal of business research, 2006, 59 (3): 877 – 886.

EGGER F F, GROOT B D. Developing a model of trust for electronic commerce: An application to a permissive marketing web site [C] //Poster proceedings of the 9th international world wide web conference, Amsterdam, The Netherlands, 2000: 92 – 93.

FERRARA L E. Inequality and group participation: Theory and evidence from rural Tanzania [J]. Journal of public economics, 2002, 85 (2): 235 – 273.

FUDENBERG D, KREPS D M, LEVINE D K. On the robustness of equilibrium refinements ［J］. Journal of economic theory, 1986, 44 (2): 354 – 380.

Gambetta D, New R. Trust: Making and breaking corporate blackwell ［J］. My publications, 1988.

GARCÍA M, CARRILLO-DURÁN M V, Jimenez J L T. Online corporate communications: website usability and content ［J］. Journal of communication management, 2017, 21 (2): 140 – 154.

GEFEN D. Managing User Trust in B2C e-Services ［J］. e-Service journal, 2003, 2 (2): 7 – 24.

GEFEN D, STRAUB D. Managing user trust in B2C e-Services ［J］. e-Service journal, 2003, 2 (2): 7 – 24.

GEFEN D, KARAHANNA E, STRAUB D W. Trust and TAM in online shopping: anintegrated model ［J］. MIS quarterly, 2003, 27 (1): 51 – 90.

GRAZIOLI S, JARVENPAA S L. Perils of Internet fraud: an empirical investigation of deception and trust with experienced Internet consumers ［J］. IEEE Transactions on systems, man, and cybernetics—part A: systems & humans , 2000, 30 (4): 395 – 410.

GUPTA A, SU B C, Walter Z. Risk profile and consumer shopping behavior in electronic and traditional channels ［J］. Decision support systems, 2004, 38 (3): 347 – 367.

HAHN K H, KIM J. The effect of offline brand trust and perceived internet confidence on online shopping intention in the integrated multi - channel context ［J］. International journal of retail & distribution management, 2009, 37 (2): 126 – 141.

HOFFMAN D L, NOVAK T P, PERALTA M. Building consumer trust online ［J］. Communications of the ACM, 1999, 42 (4): 80 – 85.

HOSMER L T. Trust: The connecting link between organizational theory and philosophical ethics ［J］. Academy of management review, 1995, 20 (2): 379 – 403.

HOSMER L T. Trust Plus Capabilities ［J］. The academy of management review, 1996, 21 (2): 335 – 337.

HSU M H, CHUANG L W, HSU C S. Understanding online shopping intention: the roles of four types of trust and their antecedents ［J］. Internet research electronic networking applications & policy, 2014, 24 (3): 332 – 352.

HUANG L H, BA S L, LU X H. Building online trust in a culture of Confucianism:

the impact of process flexibility and perceived control [J]. ACM transactions on management information systems, 2014, 5 (1): 1 – 23.

JARVENPAA S L, TRACTINSKY N, SAARINEN L. Consumer Trust in an internet store: a cross-cultural validation [J]. Journal of computer-mediated communication, 1999, 5 (2): 135 – 142.

JONES G R, GEORGE J M. The experience and evolution of trust: implications for cooperation and teamwork [J]. Academy of management review, 1998, 23 (23): 531 – 546.

KAUR G, QUARESHI T K. Factors obstructing intentions to trust and purchase products online [J]. Asia Pacific journal of marketing & logistics, 2015, 27 (5): 758 – 783.

KIM D J, SONG Y I, BRAYNOV S B, et al. A multi-dimensional trust formation model in B-to-C e-commerce: a conceptual frame work and content analyses of academia/practitioner perspective [J]. Decision support systems, 2005, 40 (2): 143 – 165.

KIM S, LEE J. E-participation, transparency, and trust in local government [J]. Public administration review, 2012, 72 (6): 819 – 828.

KIM S, LITTRELL M A. Souvenir buying intentions for self versus others [J]. Annals of tourism research, 2001, 28 (3): 638 – 657.

KIMERY K, MCCORD M. Third-party assurances: the road to trust in online retailing [C] //Hawaii International Conference on System Sciences. IEEE Computer Society, 2002: 175.

KINI A. Trust in electronic commerce: definition and theoretical considerations [J]. System sciences, 1998, 12 (4): 23 – 35.

KOMIAK S, WANG W, BENBASAT I. Comparing customer trust in virtual salespersons with customer trust in human salespersons [C] //Proceedings of the Hawaii International Conference on System Sciences. IEEE Computer Society, 2005: 175.

KOUFARIS M. Applying the technology acceptance model and flow theory to online consumer behavior [J]. Information systems research, 2002, 13 (2): 205 – 223.

KOUFARIS M, HAMPTON-SOSA W. The development of initial trust in an online company by new customers [J]. Information & management, 2004, 41 (3): 377 – 397.

KREPS G L. Organizational communication: theory and practice [M]. New York: Longman, 1990: 331.

KUAN H H, BOCK G W. Trust transference in brick and click retailers: an investigation of the before-online-visit phase [J]. Information & management, 2007, 4 (2) 4 (2): 175 – 187.

LAMBERT A D, SMITH J P, DODDS K L. Effect of initial O_2 and CO_2 and low-dose irradiation on toxin production by clostridium botulinum in MAP fresh pork [J]. Journal of food protection, 1991, 54 (3): 482 – 487.

LEE M K O, TURBAN E A. Trust model for consumer internet shopping [J]. International journal of electronic commerce, 2001, 6 (1): 75 – 91.

LEWICKI R J, BUNKER B B. Developing and maintaining trust in working relationships [M] // KRAMER R M, TYLER T R. Trust in organizations: frontiers of theory and reach. Thousand Oak, CA: Sage, 1996: 114 – 139.

LEWICKI R J, BUNKER B B. Trust in relationships: a model of development and decline [C] // DEUTSCH M, BUNKER B B, RUBIN J Z. Conflict, cooperation & justice. San Francisco: Jossey-Bass Publishers, 1995: 133 – 173.

LEWICKI R J, TOMLINSON E C, Gillespie N. Models of interpersonal trust development: theoretical approaches, empirical evidence, and future directions [J]. Journal of management: official journal of the Southern Management Association, 2006, 32 (6): 991 – 1022.

LII A L, SMITH W I. A strategic alignment approach for effective business process reengineering: linking strategy, processes and customers for competitive advantage [J]. International journal of production economics, 1997, 50 (2 – 3): 141 – 153.

LIN J, LU Y, WANG B, et al. The role of inter-channel trust transfer in establishing mobile commerce trust [J]. Electronic commerce research & applications, 2011, 10 (6): 615 – 625.

LIU C, MARCHEWKA J T, KU C, et al. American and Taiwanese perceptions concerning privacy, trust, and behavioral intentions in electronic commerce [J]. Journal of global information management, 2004, 12 (1): 18, 23.

LIU C, MARCHEWKA J T, LU J, et al. Beyond concern: a privacy-trust-behavioral intention model of electronic commerce [J]. Information & management, 2005, 42 (2): 289 – 304.

LOWE R H, HAMILTON J L. Rapid method for determination of nitrate in plant and soil extracts [J]. Journal of agricultural & food chemistry, 1967, 15 (2): 359 – 361.

LUBATKIN M, FLORIN J M, LANE P J. Learning together and apart: a model of reciprocal interfirm learning [J]. Human relations, 2001, 54 (10): 1353 – 1382.

MANGANARI E E, SIOMKOS G J, VRECHOPOULOS A P. Store atmosphere in web retailing [J]. European journal of marketing, 2009, 43 (9/10): 1140 – 1153.

MARSH S, BRIGGS P, WAGEALLA W, et al. Considering trust in ambient societies [C]. Conference on Human factors in computing systems, CHI '04, 2004.

MAYER R C, DAVIS J H, SCHOORMAN F D. An integrative model of organizational trust [J]. The academy of management review, 1995, 20 (3): 709 – 734.

MCKNIGHT D H, CHOUDHURY V, KACMAR C. Developing and validating trust measures for e-commerce: An integrative typology [J]. Information systems research, 2002, 13 (3): 334 – 359.

MERRILEES B, FRY M L. E-trust: the influence of perceived interactivity on e-retailing users [J]. Marketing intelligence & planning, 2003, 21 (2): 123 – 128.

MIDHA V. Impact of consumer empowerment on online trust: An examination across genders [J]. Decision support systems, 2012, 54 (1): 198 – 205.

MIDHA V, PALVIA P. Factors affecting the success of open source software [J]. Journal of systems & software, 2012, 85 (4): 895 – 905.

MOON J, CHADEE D, TIKOO S. Culture, product type, and price influences on consumer purchase intention to buy personalized products online ☆ [J]. Journal of business research, 2008, 61 (1): 31 – 39.

MOORE J F. Predators and prey: a new ecology of competition [J]. Harvard business review, 1993, 71 (3): 75 – 86.

MOORMAN C, ZALTMAN G, Deshpande R. Relationships between providers and users of market research: the dynamics of trust within and between organizations [J]. Journal of marketing research, 1992, 29 (29): 314 – 328.

MORGAN R M, HUNT S D. The commitment-trust theory of relationship marketing

［J］. Journal of marketing, 1994, 58（3）: 20 – 38.

MOSQUIN T. Competition for pollinators as a stimulus for the evolution of flowering Time［J］. Oikos, 1971, 22（3）: 398 – 402.

MUKHERJEE A, NATH P. Role of electronic trust in online retailing: A re-examination of the commitment-trust theory［J］. European journal of marketing, 2007, 41（9 – 10）: 1173 – 1202.

MULAC A, ERLANDSON K T, FARRAR W J, et al. What's that all about? Differing interpretations of conversational backchannels and questions as source of miscommunication across gender boundaries［J］. Communication research, 1998, 25（6）: 641 – 668.

MULLET G M, KARSON M J. Analysis of purchase intent scales weighted by probability of actual purchase［J］. Journal of marketing research, 1985, 22（1）: 93 – 96.

NATH P, MUKHERJEE A. A model of trust in online relationship banking［J］. International journal of bank marketing, 1983, 21（1）: 5 – 15.

NICHOLSON M, CLARKE I, BLAKEMORE M. "One brand, three ways to shop": situational variables and multichannel consumer behaviour［J］. International review of retail distribution & consumer research, 2002, 12（2）: 131 – 148.

OLIVEIRA P, ROTH A V. Service orientation: The derivation of underlying constructs and measures［J］. International journal of operations & production management, 2012, 32（1 – 2）: 156 – 190.

PAPPAS I O. User experience in personalized online shopping: a fuzzy-set analysis［J］. European journal of marketing, 2018: EJM – 10 – 2017 – 0707.

PAVLOU P A, BA S. Does Online Reputation Matter? An Empirical Investigation of Reputation and Trust in Online Auction Markets［C］. Proceedings of the 6th American Conference in Information Systems. Long Beach, CA, 2000.

PAVLOU P A, GEFEN D. Building effective online marketplaces with institution-based trust［J］. Information systems research, 2004, 15（1）: 37 – 59.

PI S M, LIAO H L, CHEN H M. Factors That affect consumers' trust and continuous adoption of online financial services［J］. International journal of business & management, 2012, 7（9）: 108 – 119.

RANGANATHAN C, GANAPATHY S. Key dimensions of business-to-consumer web sites ［J］. Information & management，2002，39（6）：457 – 465.

RIDINGS C M，GEFEN D，ARINZE B. Some antecedents and effects of trust in virtu-al communities ［J］. Journal of strategic information systems，2002，11：271 – 295.

ROGERS C R. Client – centered therapy：its current practice，implications，and theory ［M］. London：Constable，2003：134 – 136.

ROGHANIZAD M M，NEUFELD D J. Intuition，risk，and the formation of online trust ［J］. Computers in human behavior，2015，50（C）：489 – 498.

SALAM A F，IYER L. Trust in e-commerce ［J］. Communications of the ACM，2005，48（2）：72 – 77.

SELTEN R，STOECKER R. End behavior in sequences of finite prisoner's dilemma su-pergames：A learning theory approach ［J］. Journal of economic behavior & or-ganization，1986，7（1）：47 – 70.

SHANKAR V，SMITH A K，RANGASWAMY A. Customer satisfaction and loyalty in online and offline environments ［J］. International journal of research in market-ing，2003，20（2）：153 – 175.

SHEEBA V，CHANDRASHEKARAN M K，JOSHI A，et al. Persistence of oviposi-tion rhythm in individuals of drosophila melanogaster reared in an aperiodic envi-ronment for several hundred generations ［J］. Journal of experimental zoology，2001，290（5）：541 – 549.

SHERMAN J W，HAMILTON D L . On the formation of interitem associative links in person memory ［J］. Journal of experimental social psychology，1994，30（3）：203 – 217.

SILLENCE E，BRIGGS P，HARRIS P，et al. Going online for health advice：chan-ges in usage and trust practices over the last five years ［J］. Interacting with com-puters，2007，19（3）：397 – 406.

SINGH J，SIRDESHMUKH D. Agency and trust mechanisms in consumer satisfaction and loyalty judgments ［J］. Journal of the academy of marketing science，2000，28（1）：150 – 167.

SMITH J M，PRICE G R. The logic of animal conflict ［C］ Nature. 1973：15 – 18.

STEINFIELD C，JANG C Y，PFAFF B. Supporting virtual team collaboration：the TeamSCOPE system ［C］ //Proceedings of GROUP '99，International Conference on Supporting Group Work, November 14 – 17, 1999, Phoenix: 81 – 90.

STEWART K J. Transference as a means of building trust in world wide web sites [C]. Proceedings of the 20th international conference on information systems, 1999: 459 – 464.

STEINFIELD C, KLEIN S. Preface to the special section: Local versus global electronic commerce. [J]. Electronic markets, 1999, 9 (3): 184, 186, 188.

SULIN B, PAUL A. Pavlou. Evidence of the effect of trust building technology in electronic markets: price premiums and buyer behavior [J]. Management information systems research center, 2002, 26 (3): 243 – 268.

SULTAN F, SHANKAR V, BART I Y. Determinants and role of trust in e-business: a large scale empirical study [M]. Cambridge, MA: Sloan School of Management, 2002.

TAN Y H, THOEN W. Toward a generic model of trust for electronic commerce [J]. International journal of electronic commerce, 2000, 5 (2): 61 – 74.

TAYLOR P D, JONKER L B. Evolutionarily stable strategies and game dynamics [J]. Mathematical biosciences, 1978, 40 (1/2): 145 – 156.

TEO T S H, SRIVASTAVA S C, JIANG L. Trust and electronic government success: an empirical study [J]. Journal of management information systems, 2008, 25 (3): 99 – 132.

UPADHYAY P, JAHANYAN S. Analyzing user perspective on the factors affecting use intention of mobile based transfer payment [J]. Internet research, 2016, 26 (1): 38 – 56.

URBAN G L, SULTAN F, QUALLS W J. Placing trust at the center of your Internet strategy [J]. Sloan management review, 2000, 42 (1): 39 – 48.

USLANER E M. Trust, democracy and governance: can government policies influence generalized trust? [M] //Hooghe M, Stolle D. Generating social capital: civic society and institutions in comparative perspective. New York: Palgrave Macmillan, 2003: 171 – 190.

WALCZUCH R, LUNDGREN H. Psychological antecedents of institution-based consumer trust in e-retailing [J]. Information & management, 2004, 42 (1): 159 – 177.

WANG A. Integrating and comparing others' opinions: The effects of third-party endorsements on online purchasing [J]. Journal of website promotion, 2005, 1

（1）：105 – 129.

WILKINSON G M, CARPENTER S R, COLE J J, et al. Terrestrial support of pelagic consumers: patterns and variability revealed by a multilake study [J]. Freshwater biology, 2013, 58 (10): 2037 – 2049.

XU Y M, LI Y, OUYANG W, et al. The impact of long-term agricultural development on the wetlands landscape pattern in Sanjiang Plain [J]. Procedia environmental sciences, 2012, 13: 1922 – 1932.

YOON S J. The antecedents and consequences of trust in online-purchase decisions [J]. Journal of interactive marketing, 2002, 16 (2): 47 – 63.

ZHOU T, LU Y B, WANG B. Examining online consumers' initial trust building from an elaboration likelihood model perspective [J]. Business media New York, 2014, 9 (1): 1 – 3.

ZUCKER L G. Production of trust: institutional sources of economic structure, 1840 – 1920 [J]. Research in organizational behavior, 1986, 8 (2): 53 – 111.

附　录

调查问卷一

　　您好，非常感谢您参与完成调查问卷，旨在了解建立在线消费者信任的各种影响因素，为购物平台及商家提供改进建议，从而提高在线消费者的信任度和购物满意度。本次调研纯粹用于学术研究，无任何商业目的，敬请放心填写。您的参与非常重要，谢谢！

第一部分：基本信息

1. 您的性别：

□男　　　　□女

2. 您的年龄是：

□0～17 岁　　□18～29 岁　　　□30～39 岁　　　□40～49 岁

□50～59 岁　　□60 岁以上

3. 您的受教育程度是：

□小学　　　□初中或高中　　　□大专　　　□本科　　　□研究生及以上

4. 您从什么时候开始网上购物：

□无　　　　□2 年以内　　　□2～5 年　　　□5～8 年　　　□8 年以上

5. 请问您的购物频率：

□1～2 次/月　　□3～4 次/月　　□5～6 次/月　　□7～8 次/月　　□9 次及以上/月

6. 您的月收入水平：

□2000 元及以下　　　□2001～5000 元　　　□5001～8000 元

□8001～10000 元　　　□1000 元以上

7. 大多数人信守承诺，通常我信任他人，除非他们出现不可信任的情况。

1 = 完全不同意　　　　2 = 不太同意　　　　3 = 略微不同意　　　　4 = 不确定

5 = 略微同意　　　　6 = 比较同意　　　　7 = 完全同意

8. 您所在的城市：

□华东　　□华南　　□华中　　□华北　　□西北　　□西南　　□东北

第二部分：结合使用淘宝网的经验，勾选以下内容

1. 买卖双方都应遵循以下价值观：相互信赖，遵守承诺。

1 = 完全不同意　　2 = 不太同意　　　　3 = 略微不同意　　　　4 = 不确定

5 = 略微同意　　　6 = 比较同意　　　　7 = 完全同意

2. 对于买家的基本信息，淘宝网应予以严格保密，不得对外销售或未经同意擅自发送促销信息。

1 = 完全不同意　　2 = 不太同意　　　　3 = 略微不同意　　　　4 = 不确定

5 = 略微同意　　　6 = 比较同意　　　　7 = 完全同意

158

3. 出现问题后，双方共同协调，及时解决处理。

1 = 完全不同意　　　2 = 不太同意　　　3 = 略微不同意　　　4 = 不确定
5 = 略微同意　　　6 = 比较同意　　　7 = 完全同意

4. 对于低价销售的残次品或处理品，淘宝网及供应商应清晰地标注出来，并说明其降价原因。

1 = 完全不同意　　　2 = 不太同意　　　3 = 略微不同意　　　4 = 不确定
5 = 略微同意　　　6 = 比较同意　　　7 = 完全同意

5. 我在选择购物平台时，会查看其是否具有第三方认证标志，如权威授权、安全等级认定等。

1 = 完全不同意　　　2 = 不太同意　　　3 = 略微不同意　　　4 = 不确定
5 = 略微同意　　　6 = 比较同意　　　7 = 完全同意

6. 有初步购买意愿后，我会主动浏览网友留言及评价，并根据在线评论决定是否购买。

1 = 完全不同意　　　2 = 不太同意　　　3 = 略微不同意　　　4 = 不确定
5 = 略微同意　　　6 = 比较同意　　　7 = 完全同意

7. 网络上专家的评论会影响我对淘宝网及供应商的信任程度。

1 = 完全不同意　　　2 = 不太同意　　　3 = 略微不同意　　　4 = 不确定
5 = 略微同意　　　6 = 比较同意　　　7 = 完全同意

8. 我会选择有担保机制的网站进行购物，或者有担保的商品进行采购。

1 = 完全不同意　　　2 = 不太同意　　　3 = 略微不同意　　　4 = 不确定
5 = 略微同意　　　6 = 比较同意　　　7 = 完全同意

9. 淘宝网的设计是否方便浏览、挑选和购买，对我有影响。

1 = 完全不同意　　　2 = 不太同意　　　3 = 略微不同意　　　4 = 不确定
5 = 略微同意　　　6 = 比较同意　　　7 = 完全同意

10. 我很看重淘宝网对个人信息的保护、交易情况的保密等。

1 = 完全不同意　　　2 = 不太同意　　　3 = 略微不同意　　　4 = 不确定
5 = 略微同意　　　6 = 比较同意　　　7 = 完全同意

11. 淘宝网的规章制度等能保障交易双方的权利、义务，并降低风险。

1 = 完全不同意　　　2 = 不太同意　　　3 = 略微不同意　　　4 = 不确定
5 = 略微同意　　　6 = 比较同意　　　7 = 完全同意

12. 在搜寻商品时，我会注意商品的生产方或供货商信息，它的知名度将影响我对其的信任程度。

1 = 完全不同意　　　2 = 不太同意　　　3 = 略微不同意　　　4 = 不确定
5 = 略微同意　　　6 = 比较同意　　　7 = 完全同意

13. 网上产品的信息内容、完整度、展现形式将影响对其的信任度。

1 = 完全不同意　　　2 = 不太同意　　　3 = 略微不同意　　　4 = 不确定
5 = 略微同意　　　6 = 比较同意　　　7 = 完全同意

14. 我非常看中网上产品的价格，即比传统购买的价格要低，性价比更高。

1 = 完全不同意　　　2 = 不太同意　　　3 = 略微不同意　　　4 = 不确定

5 = 略微同意　　　　　6 = 比较同意　　　　　7 = 完全同意

15. 供应商及产品的所在地将影响我对其的信任。

1 = 完全不同意　　　2 = 不太同意　　　3 = 略微不同意　　　4 = 不确定

5 = 略微同意　　　　6 = 比较同意　　　　7 = 完全同意

16. 我倾向于信任淘宝网。

1 = 完全不同意　　　2 = 不太同意　　　3 = 略微不同意　　　4 = 不确定

5 = 略微同意　　　　6 = 比较同意　　　　7 = 完全同意

17. 目前为止，在我的购买经历中，淘宝网一直诚信交易。

1 = 完全不同意　　　2 = 不太同意　　　3 = 略微不同意　　　4 = 不确定

5 = 略微同意　　　　6 = 比较同意　　　　7 = 完全同意

18. 我相信淘宝网有能力，并有意愿长期提供可靠服务。

1 = 完全不同意　　　2 = 不太同意　　　3 = 略微不同意　　　4 = 不确定

5 = 略微同意　　　　6 = 比较同意　　　　7 = 完全同意

19. 我愿意从淘宝上进行消费。

1 = 完全不同意　　　2 = 不太同意　　　3 = 略微不同意　　　4 = 不确定

5 = 略微同意　　　　6 = 比较同意　　　　7 = 完全同意

20、我愿意亲友交流在淘宝购物体验。

1 = 完全不同意　　　2 = 不太同意　　　3 = 略微不同意　　　4 = 不确定

5 = 略微同意　　　　6 = 比较同意　　　　7 = 完全同意

21. 未来一段时间，我愿意继续在淘宝上进行交易。

1 = 完全不同意　　　2 = 不太同意　　　3 = 略微不同意　　　4 = 不确定

5 = 略微同意　　　　6 = 比较同意　　　　7 = 完全同意

调查问卷二

您好，非常感谢您参与完成调查问卷，旨在了解建立在线消费者信任的各种影响因素，为购物平台及商家提供改进建议，从而提高在线消费者的信任度和购物满意度。本次调研纯粹用于学术研究，无任何商业目的，敬请放心填写。您的参与非常重要，谢谢！

第一部分：基本信息

1. 您的性别：

□男　　　　　□女

2. 您的年龄是：

□0～17 岁　□18～29 岁　□30～39 岁　　□40～49 岁

□50～59 岁　□60 岁以上

3. 您的受教育程度是：

□小学　　　□初中或高中　　□大专　　□本科　　□研究生及以上

4. 您从什么时候开始网上购物：

□无　　　□2 年以内　　□2～5 年　　□5～8 年　　□8 年以上

5. 请问您的购物频率：

□1～2 次／月　　□3～4 次／月　　□5～6 次／月　　□7～8 次／月　　□9 次及以上／月

6. 您的月收入水平：

□2000 元及以下　　□2001～5000 元　　□5001～8000 元

□8001～10000 元　　□10001 及以上

7. 大多数人信守承诺，通常我信任他人，除非他们出现不可信任的情况。

1 = 完全不同意　　　2 = 不太同意　　　3 = 略微不同意　　　4 = 不确定

5 = 略微同意　　　6 = 比较同意　　　7 = 完全同意

8. 您是否在永辉超市实体店购买过商品，而且在京东到家 App 永辉超市购买过商品，是的话，请继续在第二部分勾选。否的话，本次调研结束。

□是　　　□否

第二部分：结合使用京东到家 App 上永辉超市的经验，勾选以下内容

1. 永辉超市实体店关心消费者，并维护消费者权益。

1 = 完全不同意　　　2 = 不太同意　　　3 = 略微不同意　　　4 = 不确定

5 = 略微同意　　　6 = 比较同意　　　7 = 完全同意

2. 永辉超市实体店具备提供优质服务的能力。

1 = 完全不同意　　　2 = 不太同意　　　3 = 略微不同意　　　4 = 不确定

5 = 略微同意　　　6 = 比较同意　　　7 = 完全同意

3. 永辉超市实体店会遵守对消费者售前售后的承诺。

1 = 完全不同意　　　2 = 不太同意　　　3 = 略微不同意　　　4 = 不确定

5 = 略微同意　　　6 = 比较同意　　　7 = 完全同意

4. 永辉网上超市与实体店相同，能提供丰富的产品信息。

1 = 完全不同意　　　2 = 不太同意　　　3 = 略微不同意　　　4 = 不确定

5 = 略微同意　　　6 = 比较同意　　　7 = 完全同意

5. 永辉网上超市可展示清晰的图片和文字说明。

1 = 完全不同意　　　2 = 不太同意　　　3 = 略微不同意　　　4 = 不确定

5 = 略微同意　　　6 = 比较同意　　　7 = 完全同意

6. 永辉网上超市购物平台易操作和购买流程顺畅。

1 = 完全不同意　　　2 = 不太同意　　　3 = 略微不同意　　　4 = 不确定

5 = 略微同意　　　6 = 比较同意　　　7 = 完全同意

7. 永辉网上超市能按时送货（两个小时内送达）。

1 = 完全不同意　　　2 = 不太同意　　　3 = 略微不同意　　　4 = 不确定

5 = 略微同意　　　6 = 比较同意　　　7 = 完全同意

8. 永辉网上超市可发表和查看商品评论和好评度。

1 = 完全不同意   2 = 不太同意   3 = 略微不同意   4 = 不确定

5 = 略微同意   6 = 比较同意   7 = 完全同意

9. 永辉超市在购买一定金额后，可以减免运费。

1 = 完全不同意   2 = 不太同意   3 = 略微不同意   4 = 不确定

5 = 略微同意   6 = 比较同意   7 = 完全同意

10. 永辉网上超市同样提供促销专区。

1 = 完全不同意   2 = 不太同意   3 = 略微不同意   4 = 不确定

5 = 略微同意   6 = 比较同意   7 = 完全同意

11. 可线上下单，然后到实体店取货或者退换。

1 = 完全不同意   2 = 不太同意   3 = 略微不同意   4 = 不确定

5 = 略微同意   6 = 比较同意   7 = 完全同意

12. 会员卡可线上线下通用，享有相同的权利。

1 = 完全不同意   2 = 不太同意   3 = 略微不同意   4 = 不确定

5 = 略微同意   6 = 比较同意   7 = 完全同意

13. 永辉网上超市提供便捷的沟通方式，能快速回复咨询和投诉。

1 = 完全不同意   2 = 不太同意   3 = 略微不同意   4 = 不确定

5 = 略微同意   6 = 比较同意   7 = 完全同意

14. 除了网上支付功能外，提供货到付款的付款方式。

1 = 完全不同意   2 = 不太同意   3 = 略微不同意   4 = 不确定

5 = 略微同意   6 = 比较同意   7 = 完全同意

15. 永辉网上超市关心消费者，并维护其权益。

1 = 完全不同意   2 = 不太同意   3 = 略微不同意   4 = 不确定

5 = 略微同意   6 = 比较同意   7 = 完全同意

16. 永辉网上超市会遵守承诺。

1 = 完全不同意   2 = 不太同意   3 = 略微不同意   4 = 不确定

5 = 略微同意   6 = 比较同意   7 = 完全同意

17. 我选择信任永辉网上超市。

1 = 完全不同意   2 = 不太同意   3 = 略微不同意   4 = 不确定

5 = 略微同意   6 = 比较同意   7 = 完全同意

18. 永辉网上超市购物平台购物能保障我的隐私安全。

1 = 完全不同意   2 = 不太同意   3 = 略微不同意   4 = 不确定

5 = 略微同意   6 = 比较同意   7 = 完全同意

19. 购物平台的技术可确保网络购物的安全。

1 = 完全不同意   2 = 不太同意   3 = 略微不同意   4 = 不确定

5 = 略微同意   6 = 比较同意   7 = 完全同意

20、能保障银行卡信息不泄露和结算安全。

1 = 完全不同意	2 = 不太同意	3 = 略微不同意	4 = 不确定
5 = 略微同意	6 = 比较同意	7 = 完全同意	

21. 法律环境和制度可确保交易的安全。

1 = 完全不同意	2 = 不太同意	3 = 略微不同意	4 = 不确定
5 = 略微同意	6 = 比较同意	7 = 完全同意	

22. 永辉网上超市是值得信任的。

1 = 完全不同意	2 = 不太同意	3 = 略微不同意	4 = 不确定
5 = 略微同意	6 = 比较同意	7 = 完全同意	

23. 永辉网上超市相信消费者不会采取恶意行为。

1 = 完全不同意	2 = 不太同意	3 = 略微不同意	4 = 不确定
5 = 略微同意	6 = 比较同意	7 = 完全同意	

24. 永辉网上超市有能力对消费者提供良好的服务。

1 = 完全不同意	2 = 不太同意	3 = 略微不同意	4 = 不确定
5 = 略微同意	6 = 比较同意	7 = 完全同意	

25. 我从永辉网上超市购买产品的可能性较大。

1 = 完全不同意	2 = 不太同意	3 = 略微不同意	4 = 不确定
5 = 略微同意	6 = 比较同意	7 = 完全同意	

26. 如果我考虑购买某类产品，我将考虑网上和实体店的价格差异。

1 = 完全不同意	2 = 不太同意	3 = 略微不同意	4 = 不确定
5 = 略微同意	6 = 比较同意	7 = 完全同意	

27. 对于适合线上购买商品，我会优先选择从永辉网上超市进行购买。

1 = 完全不同意	2 = 不太同意	3 = 略微不同意	4 = 不确定
5 = 略微同意	6 = 比较同意	7 = 完全同意	

28. 永辉超市线上和线下商店之间沟通及时、顺畅，信息传递精准。

1 = 完全不同意	2 = 不太同意	3 = 略微不同意	4 = 不确定
5 = 略微同意	6 = 比较同意	7 = 完全同意	

29. 永辉超市线上和线下商店在服务客户和完成销售额方面有着共同的目标。

1 = 完全不同意	2 = 不太同意	3 = 略微不同意	4 = 不确定
5 = 略微同意	6 = 比较同意	7 = 完全同意	

30. 网上已下单，线下商店缺货时，永辉超市与消费者能第一时间沟通，并按照消费者意愿进行退款或换货。

1 = 完全不同意	2 = 不太同意	3 = 略微不同意	4 = 不确定
5 = 略微同意	6 = 比较同意	7 = 完全同意	

31. 我倾向于信任永辉网上超市。

1 = 完全不同意	2 = 不太同意	3 = 略微不同意	4 = 不确定

5 = 略微同意　　　　6 = 比较同意　　　　7 = 完全同意

32. 目前为止，在我的购买经历中，永辉网上超市一直诚信交易。

1 = 完全不同意　　　2 = 不太同意　　　3 = 略微不同意　　　4 = 不确定

5 = 略微同意　　　　6 = 比较同意　　　　7 = 完全同意

33. 我相信永辉网上超市有能力，并有意愿长期提供可靠服务。

1 = 完全不同意　　　2 = 不太同意　　　3 = 略微不同意　　　4 = 不确定

5 = 略微同意　　　　6 = 比较同意　　　　7 = 完全同意